Monika Hofko
Klaus Sollinger
Lutz Steinhoff

Romanwerkstatt

Das Handwerk des kreativen Schreibens

Scripta Literatur-Studio

Bibliografische Information Der Deutschen Bibliothek:
Die Deutsche Bibliothek verzeichnet diese Publikation in der Deutschen Nationalbibliografie; detaillierte bibliografische Daten sind im Internet über *http://dnb.ddb.de* abrufbar.

Impressum

Satz, Layout und Umschlaggestaltung:
Keysselitz Deutschland GmbH, München
Herstellung und Verlag:
Books on Demand GmbH, Norderstedt
ISBN 3-8334-2271-8

Inhalt

	Seite
Vorwort	9
Einleitung: Was heißt schreiben?	10
1. Die Arbeit *vor* der Arbeit	17
Von der vagen Idee zum komplexen Thema	17
Recherche – ohne sie geht gar nichts	22
Romanfiguren sind lebendige Individuen	33
Der Handlungsbogen bedarf genauer Planung	37
Wer erzählt hier eigentlich?	43
Schreiben ist Erfahrungssache	52
2. Wie ein Roman gebaut wird	56
Ein langer Weg: vom Handlungsfaden zur Szenenfolge	56
Auf den Anfang kommt es an	67
Ausflüge in fremde Welten	77
Vom Prolog zum Rahmen	85
Jeder Stoff muss geordnet werden	90
Ein unverzichtbares Hilfsmittel: der Szenenplan	118
3. Wie Figuren lebendig werden	124
Figuren entwickeln sich langsam	124

Seite

Figuren und Szenerie müssen sich entsprechen 147
Die Erzählperspektive beeinflusst die Figurenzeichnung 153

4. So kommt Stil in die Geschichte 162
Jede Figur spricht ihre eigene Sprache 163
Redeformen und wie sie wirken 164
Auch der Erzähler braucht Stil 190

5. Beschreibung von Innen- und Außenräumen 199
Räume sind keine leeren Kulissen 199
Bilder und Vergleiche machen Räume lebendig 214

Zusammenfassung 219
Professionelles Arbeiten ist erlernbar 232
Sachliche Kritik und persönlicher Geschmack 238

Preise, Wettbewerbe und Stipendien 244

Auswahlliste empfohlener Literatur 246

Vorwort

Als wir 1991 das Scripta Literatur-Studio gründeten, hatten wir nicht zuletzt das Ziel, Autoren beim Schreiben zu beraten. Doch mit der Prämisse, Schreiben muss man lernen, ernteten wir so manchen skeptischen und ungläubigen Blick. Weniger von den Autoren – viele waren froh, mit jemandem über ihre Texte, den Aufbau, die Perspektive, die Figuren diskutieren zu können – als von manchem Feuilletonisten, von Lektoren und den Verlagen. Die allgemeine Vorstellung hierzulande lautete: Der »wahre« Autor kann schreiben! – Und im Grunde hat sich daran nicht viel geändert.
In den Jahren unserer Tätigkeit hatten wir mit zahlreichen Autoren zu tun, und es erstaunt uns immer wieder, wie vielfältig ihre Ideen und Talente sind und wie viel Zeit und Energie sie auf ihre Arbeit verwenden – auch wenn sich der Erfolg meist nicht sofort einstellt. Jeder von ihnen hat auf seine Art zu unserer Arbeit beigetragen, sie inspiriert und vorangebracht. Dafür danken wir all unseren Autoren, ganz besonders aber jenen, deren Texte wir für dieses Buch verwenden durften. Oft ließen sie uns an ihren persönlichsten Problemen und Gedanken teilhaben, denn ohne diese Vertrauensbasis ist eine intensive Zusammenarbeit kaum möglich. Weiterhin danken wir allen, die unsere Arbeit immer unterstützt haben: Verwandten, Freunden, Journalisten, Lektoren und nicht zuletzt Ariadne Buchkonzeption. Dieser Ratgeber ist ein kleines Konzentrat der Tätigkeit auf dem weiten Feld des Schreibens.

Einleitung: Was heißt schreiben?

Noch ein Buch zum Schreibenlernen – es gibt doch schon eine Reihe einschlägiger Literatur? Allerdings kommt diese fast ausschließlich aus den USA. Dort ist Creative Writing, also systematischer Unterricht im Schreiben von Literatur, schon lange etabliert. Sinn und Notwendigkeit einer schreibhandwerklichen Ausbildung sind unbestritten. Alle renommierten Autoren wie etwa John Updike, Anne Tyler, Toni Morrison (und auch die vielen weniger namhaften Autoren) haben Creative-Writing-Studiengänge absolviert und sind dadurch zu ihrer ganz individuellen Ausdrucksweise gelangt. Das Erlernen des Schreibhandwerks führt also keineswegs zu einer – wie hierzulande immer wieder befürchtet – stereotypen, einförmigen Art von Literatur. Denn so wie eine handwerkliche Ausbildung (beispielsweise in Schreinerei, Schneiderei, Musik oder Malerei) bei dem einen zu guter, solider Kunsthandwerkerarbeit führt, bildet sie bei dem anderen die Basis zur Schöpfung überragender Kunstwerke. Das zweifelt in der Musik, in der bildenden Kunst oder in diversen Handwerksberufen niemand an. Hier setzt niemand das Talent zum Komponieren voraus, nur weil jemand in der Schule Notenlesen und Singen gelernt hat.
Auch bei uns wird diesem Thema seit einiger Zeit eine gewisse Aufmerksamkeit entgegengebracht. So gibt es inzwischen verschiedene Studiengänge an Universitäten sowie Seminare und Workshops, die Schreibtechnik vermitteln wollen. Doch letztlich fehlt eine konsequente Ausbildung und Grundlagenvermittlung. In Deutschland ist »Kreatives Schreiben« ein sehr hetero-

gener und fast hermetisch abgeschlossener Bereich. Es gibt die unterschiedlichsten Ansätze, und jeder scheint etwas anderes darunter zu verstehen. Dies merkt man auch daran, dass sich Lektoren, die selbst Seminare abhalten, zuweilen sehr skeptisch über die Möglichkeit äußern, literarisches Schreiben lernen zu können.

Mit diesem Buch wollen wir zeigen, dass erst der gezielte Einsatz erzählerischer Techniken einen Text ausdrucksstark macht. Es werden nicht fertige, gelungene Texte besprochen und analysiert (eine mögliche Methode, die wir beispielsweise in unseren Seminaren anwenden), sondern es wird der Entstehungsprozess von Texten/Textpassagen – von der oft mangelhaften Ausgangsfassung zur fertigen Version – schrittweise nachgezeichnet. Die Beispiele sind – bis auf einige selbst gebastelte – praktisch alle authentisch und bilden einen typischen Querschnitt dessen, was ein Verlag oder eine Agentur zugeschickt bekommt. An charakteristischen Auszügen wollen wir Mittel und Techniken des Schreibens nachvollziehbar machen und Sie zum Nachahmen und Ausprobieren anregen. Wir vermitteln Ihnen die Grundprinzipien und Grundregeln des Schreibens, die jeder Autor kennen sollte. Wir befassen uns mit Planung und Recherche, denn gerade dieser Bereich wird oft unterschätzt. Ebenso vermitteln wir Ihnen Wesentliches über die Anlage der Figuren, des Handlungsablaufs, der szenischen Darstellung, der Darstellung von Außen- und Innenräumen und den Einsatz von Bildern, Metaphern und Vergleichen. All diese Elemente gemeinsam machen einen Text (welcher Gattung auch immer) vielschichtig und anschaulich.

Wie komplex und differenziert Sie Ihre Texte anlegen und Ihre Figuren darstellen, ist individuell verschieden und von steigender Routine und Souveränität abhän-

gig. Auch beim Schreiben ist es ganz normal, dass ein Erstlingswerk noch nicht die Größe und Tiefe eines späteren Werks hat und vielleicht noch keine individuelle Handschrift trägt. Nur wenn Sie sich ständig mit Sprache, Stil und anderen Ausdrucksmöglichkeiten beschäftigen, werden Sie immer souveräner und gestaltungssicherer werden.
Erleben Sie wie ein Puzzlespieler mit Spaß und Freude die sinnliche Erfahrung des Bastelns und Tüftelns an Texten. Wir wollen Ihnen Mut machen und Anregungen geben, sich an eigene Themen heranzuwagen. Denn bei aller Mühe und Zeit, die das Schreiben erfordert – es soll auch Spaß machen. Verlieren Sie die Angst, man müsse ein »geborenes Genie« sein, um schreiben zu können. Profis geben das Verhältnis Talent/Arbeit tatsächlich mit zehn zu neunzig Prozent an. Und was wäre ein talentierter Geiger, der nicht täglich übt und übt, bis er konzertieren kann?
Natürlich kann in diesem Buch nicht die ganze Vielfalt an Erzählmöglichkeiten dargestellt werden. Aber die Grundregeln sind immer gleich – und die finden Sie hier.

Wie bereits erwähnt haben uns einige unserer Autoren Erstlingsentwürfe und Rohfassungen von Romanen zur Verfügung gestellt, an denen wir den Arbeitsprozess im Weiteren erläutern können. Es handelt sich dabei um typische Urfassungen, denen das »Fleisch«, die wirkungsvolle Form, erst noch verpasst werden muss.
Aus unserer täglichen Arbeit mit den verschiedensten Autoren und unterschiedlichsten Texten (vom Krimi über Kinderbuch und Erfahrungsbericht bis hin zu Science-Fiction und historischem Roman) wissen wir, dass die Probleme beim Schreiben fast immer die glei-

chen sind. Ebenso sind es die Schwächen der Texte: Der Aufbau stimmt nicht, die Figuren wirken leblos, dem Text fehlt eine passende Perspektive – um nur einige zu nennen. In der Praxis wurde ersichtlich, wie sehr sich der Schreibprozess aus erzähltechnischen Kenntnissen und nüchterner Bastelei generiert. Wir wollen Ihnen aber auch zeigen, dass die Fantasie dabei nicht zu kurz kommt; sondern mit dem Wissen um erzählerische Techniken geradezu angeregt, gefördert und kanalisiert werden kann.

Dieses Buch richtet sich an alle Autoren – Anfänger und Fortgeschrittene. Und an all jene, die gern Einblick in den Entstehungs- und Gestaltungsprozess von Texten nehmen wollen, vielleicht auch nur, um mit schärferem Blick zu lesen.

Die verschiedenen Themenbereiche, die wir nacheinander behandeln, wurden mehr oder weniger künstlich getrennt. Um sich über die anstehenden Arbeiten klar zu werden, systematisch planen und denken zu lernen, war dies eine methodische Zweckmäßigkeit. Aber letztlich greifen natürlich alle Bereiche – Figuren, Räume, Dialogführung etc. – ineinander.

Nochmals der kleine Hinweis an alle, die immer noch glauben, nur »unbegabte« Autoren bräuchten Kurse, das wahre Genie dagegen nicht: Die großen, renommierten Autoren haben ebenfalls Creative Writing gelernt – und unterrichtet (oder tun es noch heute).

Jeder von uns lernt Lesen und Schreiben. Jeder von uns betätigt sich auch als Erzähler. Täglich berichten wir anderen von unseren Erlebnissen. Hier sind unsere Darstellungskunst sowie unser Talent gefragt. Es gilt eine Auswahl zu treffen. Wir erzählen nicht das Alltägliche, das so ist wie immer, sondern das Ungewöhnliche, das Herausragende. Es muss erzählenswert sein. Auch hier gibt es Leute, die gut erzählen können, und andere, bei denen man sich langweilt, weil sie zum Beispiel ihre Geschichte nicht auf den Punkt bringen oder sich in endlosen Abschweifungen verlieren. Nehmen wir an, es erzählt uns jemand ein außergewöhnliches Tagesereignis (es muss kein grandioses Erlebnis sein, es sollte nur Ereignischarakter haben), einen Diebstahl in einem Supermarkt mit Flucht des Diebs und Verfolgungsjagd durch den Filialleiter:

»Stell dir vor, was heute im Supermarkt an der Ecke passiert ist! Ich hab noch überlegt, geh ich zum Supermarkt oder zum Tante-Emma-Laden bei mir nebenan, aber irgendwie habe ich mich doch entschlossen, im Supermarkt einzukaufen. Ich steh also mit meinem Zeug an der Kasse und sehe so einen Jungen, der merkwürdig guckt und immer um das Zeitschriftenregal streicht. Es war übrigens wieder die Hölle los, na ja, Freitag halt. Ich musste fürs Wochenende einkaufen, die hatten übrigens Kaffee im Angebot und Metternich-Sekt. Normalerweise ist der Supermarkt ja nicht so günstig … Ja … Was wollte ich? Ach ja, da war so ein Junge, der etwas geklaut, die Verkäuferin getreten hat und dann abgehauen ist. Der Filialleiter ist ihm dann noch nachgelaufen.«

Was ist hier passiert? Der Erzähler kommt vor lauter Nebengedanken nicht zum groß angekündigten Ereignis. Er schweift ab, verliert sich in seinen privaten Überlegungen, die nicht zur Geschichte gehören und nun wirklich keinen Ereignischarakter haben. Das eigent-

liche Geschehen – der klauende Junge – wird nur gerafft und indirekt, ohne erzählerische Spannungsmittel (Ereignispräsens, verkürzte Sätze etc.) wiedergegeben. Man hört entweder gelangweilt weg (weil man das von der Person vielleicht schon gewöhnt ist) oder versucht, durch einen dezenten Hinweis zurück zur eigentlichen Geschichte zu kommen. »Ja, was ist denn nun passiert?« Und das genau ist es, was vielen passiert, wenn sie schreiben wollen. Sie haben die Idee zu einer Geschichte, aber die Auswahl der dafür notwendigen Stationen gelingt nur unzureichend.
Wie könnte nun unsere kleine Geschichte aussehen?

»Stell dir vor, was heute im Supermarkt passiert ist! Ich bin entgegen meiner Gewohnheit nicht zum Tante-Emma-Laden bei mir um die Ecke gegangen, weiß selber nicht, wieso.
Ich schiebe also meinen Wagen durch die Einkaufsreihen, da sehe ich bei den Zeitschriften einen kleinen Jungen, ungefähr acht, neun Jahre alt, dunkles kurzes Haar, ein südlicher Typ.
Er war ziemlich schäbig gekleidet und blätterte in einer Zeitschrift, schaute aber immer argwöhnisch nach links und rechts. Plötzlich rollt er die Zeitschrift zusammen und schiebt sie in seinen Anorak. Ich wusste nicht, was ich tun sollte. Ihn melden? Da kommt eine Verkäuferin in weißem Kittelschurz und will ihn festhalten. Er tritt ihr gegen das Schienbein, sie schreit auf, fällt hin, und der Junge rennt durch die Reihe, presst sich an den Einkaufswagen und den Leuten an der Kasse vorbei. Alle schauen ihm verdattert nach, ohne dass irgendjemand reagiert. Und wie der Blitz war der Kleine weg. Der Filialleiter ihm nach …«

Unser einfaches Alltagsbeispiel zeigt Ihnen, wie unterschiedlich ein Geschehen dargestellt werden kann. Seine Wirkung hängt davon ab, dass Sie erzählerische Mittel einsetzen, beim Thema bleiben und Nebensächlichkeiten weglassen. Dies gilt im Alltag und erst recht für das (literarische) Schreiben.

1. Die Arbeit *vor* der Arbeit

Ich schreibe ganz spontan aus dem Bauch heraus.

Bevor Sie sich an den Schreibtisch setzen, um etwas zu Papier zu bringen, müssen einige Vorarbeiten geleistet werden. Die Idee, mit der Sie sich tragen, muss zu einem Handlungsgang ausgebaut werden. Recherchieren Sie, wo Sie Wissenslücken haben, was die Psychologie Ihrer Figuren betrifft sowie die Gegebenheiten der Räume, in denen Ihr Roman spielen wird usw.

Von der vagen Idee zum komplexen Thema

Was ist eine Idee? Woher kommt sie? Und wie hält man sie fest?

Meist ist eine Idee zunächst nur in vagen Umrissen vorhanden. Anlass kann eine Zeitungsnotiz sein, zum Beispiel über einen Mann, der ohne Lebensplan und Arbeit vor sich hinlebt, im Lotto gewinnt, sich die absurdesten Dinge kauft (eine vergoldete Badewanne, ein teures Auto …), bis das Geld weg ist und damit auch die so genannten Freunde. Und am Ende steht er schlechter da als vorher. Es kann eine Beobachtung aus Ihrer Umgebung sein (vom genauen Beobachten wird noch mehrfach die Rede sein), eine zerbrechende Ehe, eine Scheidung mit Streit um die Kinder, eine neue Technik (Menschen lassen sich Einfrieren, um in einer späteren Zeit wieder aufgetaut zu werden) usw. Dies alles kann Ausgangspunkt für eine Geschichte, einen Roman sein. Viele Autoren klagen, dass sie »den Kopf voller Ideen« hätten, »tausend Ideen in der Schublade«, aber keine wirkliche Geschichte, geschweige denn einen ganzen Roman zustande bringen, also keinen Text zu Ende schreiben können. Hier genau liegt der Knackpunkt. Ideen fliegen einem vielleicht manchmal zu. Vieles kann als Idee dienen – aber wie wird daraus ein Stoff, eine Geschichte, ein Roman?

Hier fängt der – scheinbar – unbequemere Teil an, deswegen drücken sich wohl manche auch davor. Wir wollen Ihnen aber zeigen, dass diese Arbeit ein faszinierendes Puzzlespiel werden kann und soll. Schreiben Sie nicht intuitiv drauflos, bevor Sie alle Aspekte Ihrer Geschichte umrissen haben – das mag für Profis unter Umständen anders sein – und planen Sie Ihre Geschichte!

Setzen Sie sich also hin und schreiben Sie Ihre Idee auf. Nehmen wir beispielsweise den Mann mit dem Lottogewinn. Was ist der nächste Schritt? Um gezielt an die Ausarbeitung gehen zu können, ist in jedem Fall die Formulierung einer Aussage nötig, die der Text beinhalten soll.

Formulieren Sie aus Ihrer Idee eine Aussage, die Ihrer Geschichte zugrunde liegen soll.

Denn Sie wollen mit dieser Figur, mit dieser Geschichte etwas zeigen, dem Leser vielleicht eine Warnung erteilen, ein Beispiel geben etc. Die Aussage könnte etwa folgendermaßen gefasst werden:

Ich will zeigen, wie ein Mensch, der nicht durch sich selbst zu einem erfüllten, sinnvollen Leben findet, auch durch viel Geld kein Glück findet.

Diese thematische Aussage einer Geschichte wird auch Prämisse genannt, und jeder Text braucht eine solche. Sie können nicht sinnvoll anfangen, auch wenn Sie vielleicht schon eine Anfangsszene vor Augen haben, wenn Sie keine Prämisse haben.
Ein Problem begegnet uns hier immer wieder: Autoren umschreiben ihre Romanideen viel zu kompliziert. Oft sogar so kompliziert, dass man gar nicht erkennen kann, was überhaupt erzählt werden soll. Die Formulierung einer Prämisse oder Kernaussage ist häufig nicht möglich. Das klingt dann manchmal ungefähr so:

Ich möchte fünf verschiedene Welten darstellen, zwei normale, ähnlich wie unsere, aber in einer gibt es nur junge Menschen und in der anderen nur alte. Dann gibt es drei Fantasiewelten, die sich gegenseitig bekämpfen. Hier herrschen je ein Zauberer und ein Monster. Und dann geht es natürlich um das Problem Männer/Frauen, Jung/Alt und um Gut und Böse…

Spätestens dann kapituliert man. Was soll eigentlich ausgesagt werden? Hier ist es wohl kaum möglich, das zu erkennen. Wenn Sie genau hinschauen, wenn Sie viel lesen, werden Sie feststellen, dass sich quasi alle großen Romane auf eine einfache Grundidee zurückführen lassen. »Schuld und Sühne« erzählt von dem Studenten Raskolnikow, der arm und kärglich lebt und, mehr aus Neugier denn aus Geldgier, eine wohlhabende alte Frau umbringt. Vom ermittelnden Beamten wird er schließlich in die Enge getrieben. Der Held aus Thomas Manns »Zauberberg«, Hans Castorp, fährt in ein Lungensanatorium, wo er, wie alle Patienten in diesem fast hermetisch abgeschlossenen Raum, der morbiden Lust an der Krankheit verfällt. Erst nach Jahren kehrt er nach Hause zurück.

Vermeiden Sie verworrene Handlungsgänge bei Ihrer Prämisse.

Die Einfachheit der Grundidee sagt überhaupt nichts über die Tiefe und Differenziertheit eines Romans aus. Sie können den Roman nicht mehr neu erfinden, und so ziemlich alles ist auch schon einmal erzählt worden. Letztlich gibt es wirklich nur einige wenige Grundthemen, die die Menschen interessieren: Liebe, Hass, Machtstreben, Erfolg, Versagen. Haben Sie also keine Angst, unoriginell zu sein, wenn Sie eine einfache Beziehungsgeschichte erzählen. Oft sind Autoren zu Anfang mit einem zu komplexen Thema und zu vielen Handlungssträngen ohnehin überfordert.

Unser voriges Beispiel einer Romanidee könnte sich schlicht und einfach auf zwei gegnerische Welten beschränken, einer Welt mit nur jungen Menschen und einer Gegenwelt mit nur alten Menschen, die sich bekämpfen.

Wie Sie sehen, wird es ohne Aussage wirklich schwierig, überhaupt einen Handlungsgang festzulegen oder diesen gar auszuarbeiten.

Gehen wir deshalb zurück zu unserem Lottospieler-Beispiel.

Sie fangen spontan, aufgrund einer schnellen Idee, an zu schreiben: Der Mann sitzt am Samstag um 19.50 Uhr vor dem Fernseher und hält seine Quittung in der Hand. Aber wie geht es dann weiter? Unsere Erfahrung mit Texten lehrt uns, dass Sie spätestens nach zehn, maximal zwanzig Seiten am Ende, in einer Sackgasse angelangt sein werden.

Schreiben Sie nicht intuitiv drauflos, bevor Sie Ihre Geschichte kennen.

Sie haben bis jetzt nur eine Figur, aber keine Vorstellung von der Entwicklung der Handlung oder gar vom Schluss. Sie müssen also zuerst konstruieren. Es gibt eine konkrete Hauptfigur, den Mann, und ein paar schattenhafte Nebenfiguren (Freunde, Frauen, Bekannte). Jetzt müssen Sie alle Figuren, die auftreten sollen, Haupt- und Nebenfiguren, bestimmen. Geben Sie ihnen äußere und innere Merkmale, eine Kindheit, ein Elternhaus, einen Konflikt usw. Sie müssen außerdem den Zeitraum festlegen, in dem sich die zentrale Geschichte abspielt. Alles, was Vorgeschichte und wichtig für die Entwicklung der Figur ist (zum Beispiel dass die Mutter allein erziehend war, den Jungen verwöhnt hat, sich abgerackert hat etc.), muss in Rückblicken nachgeholt werden.
Es gibt (wie in der Musik) auch in der Literatur ein Spektrum verschiedener Ausdrucksformen: Kriminalroman, Detektivgeschichte, Entwicklungsroman, Brief- oder Tagebuchroman, Sciencefiction, historischer Roman usw. Egal, welche Art Sie wählen, Sie sollten diese Gattung in allen Ausprägungen sowie Funktionsweisen kennen und studieren. Für unseren Lottospieler bietet sich beispielsweise die Form des an der Hauptfigur entlang erzählten Entwicklungsromans an. Ein Tagebuch- oder Briefroman ist hier nicht geeignet, dieser

Typus Mensch schreibt sicher nicht. Sie sehen, Ihr Thema gibt Ihnen meist schon eine Ausrichtung vor.
Natürlich können Sie auch Genres mischen: zum Beispiel einen Krimi in historischem Umfeld oder einen Tagebuchroman, der gleichzeitig eine Entwicklungsgeschichte ist. Das hängt natürlich auch von Ihren persönlichen Vorlieben und Leidenschaften ab. Wenn Sie gerne in vergangenen Zeiten stöbern, wird es Sie fast automatisch zum historischen Roman hinziehen. Wenn Sie von Technik und Zukunftsvisionen fasziniert sind, werden Sie sich eher der Science-Fiction zuwenden. In welche Form Sie Ihre Geschichte letztendlich gießen, hängt davon ab, wo der Schwerpunkt des Romans liegen soll.
Wir kommen im Abschnitt »Wer erzählt hier eigentlich?« und in dem Kapitel »Wie ein Roman gebaut wird« nochmals auf die verschiedenen Form- und Gattungsmerkmale zu sprechen.
Wichtig ist aber auch, genau zu wissen, wie beispielsweise ein Lottozettel zur Zeit der Handlung aussieht, wie eine Auszahlung vor sich geht usw. Damit kommen wir zum unerlässlichen Arbeitsbereich der Recherche.

Recherche – ohne sie geht gar nichts

»Recherchieren? Ich schreibe doch Literatur!« Im Bereich Sachbuch ist jedem klar, dass das Thema gut recherchiert werden muss, die Fakten stimmen müssen und eine These systematisch zu untermauern ist. Aber in der so genannten Literatur? Hier haben viele Autoren noch das Bild vom stillen Kämmerlein vor Augen, wo sie mit einem Glas Rotwein sitzen und sich fantasievolle Sachen ausdenken.

Deutschen Autoren wurde und wird oft vorgeworfen, dass ihre Texte zu schwer, zu reflexiv, zu Ich-bezogen sind. Das liegt möglicherweise auch an dieser Vorstellung vom Schreiben. Wer kein Thema außerhalb seiner selbst hat, verfügt nur über ein relativ dünnes und bald ausgeschöpftes Erzählspektrum. Einen guten Autor zeichnet nicht zuletzt das Finden von Themen aus, die er sich dann erarbeitet.

Neben einem guten Auge für mögliche Themen brauchen Sie also auch die Recherche. Ganz allgemein wird beim Romanschreiben zu wenig recherchiert. Viele Autoren halten diesen Arbeitsgang für unwichtig. Wenn sie etwas nicht so genau wissen, etwa wie eine Schlagzeile oder ein Wetterbericht klingen müsste, denken Sie sich einfach etwas aus. Da es aber kaum Dinge gibt, die man einfach so weiß, ist Recherche unerlässlich. Oft ist einem nicht einmal klar, wie Kirche oder Rathaus der eigenen Heimatstadt genau aussehen. Wie sieht eine Straße in Tübingen aus? Wie verläuft die Bahnstrecke von München nach Nürnberg? Was befindet sich in der Kabine eines Flugzeugs? Wie verhält sich ein Mensch, der zum Mörder wird? Diese Arbeit ist, wenn die benötigten Elemente in Ihrer Umgebung zu finden sind, noch relativ einfach; Sie können hingehen, schauen, nachprüfen und notieren.
Manch einer hält es vielleicht für banal, sich zu erkundigen, wie eine Durchsage für die Zugankunft am Bahnhof klingt oder wie sich eine Verkehrsdurchsage im Radio anhört. Das scheint unwichtig, irgendwie nebensächlich, angesichts der gewichtigen Botschaften, die er vermitteln möchte. Doch der Leser merkt es, wenn diese Details nicht stimmen. Er wird stutzig und traut dem Erzähler nicht mehr. Und das ist das Schlimmste, was

Ihnen als Autor passieren kann. Es kommt häufig vor, dass sich Autoren Einzelheiten einfach ausdenken. Beispielsweise eine Bahnhofsansage oder Verkehrsmeldung – das klingt dann oft unauthentisch: »Achtung, auf Gleis 17 fährt der Zug aus Hamburg ein …« oder »Heute ist der Verkehr in Bayern normal«. So klingt keine Durchsage am Bahnsteig und auch nicht die Meldung im Verkehrsfunk. Dort heißt es vielmehr: »Auf den Autobahnen und Fernstraßen in Bayern normaler Verkehr.«

Hier ist der genaue Wortlaut wichtig. Die meisten Menschen kennen diese Durchsagen und merken instinktiv sofort, wenn etwas nicht stimmt.

Halten Sie solche Dinge nicht für nebensächlich oder unwichtig. Diese Genauigkeit entscheidet zu einem großen Teil mit über die Glaubwürdigkeit Ihres Textes. Sie müssen eine genaue Vorstellung der von Ihnen darzustellenden Welt haben, um dem Leser ebenfalls ein Bild vermitteln zu können.

Moderne Leser erwarten diese Authentizität. Das heißt aber nicht, dass Sie keine fantastischen Texte schreiben dürfen. Doch auch hier ist die Basis, auf der Sie Ihre Fantasiewelt aufbauen, unsere konkrete Gegenwart. Das Andere ist nur verständlich im Vergleich mit dem Normalen.

Nehmen wir an, Sie wollen schildern, wie das Leben einer jungen Frau aus den Fugen gerät. Die Alltagsgegenstände, die sie umgeben, geraten aus dem Lot oder *scheinen* – aus der Sicht der jungen Frau – aus dem Lot zu geraten. Die Kaffeemaschine, der Toaster, der Herd, alles funktioniert nicht mehr so wie bisher. Also eine absurde Geschichte. Dazu müssen Sie die normale Funktionsweise und das Aussehen der Gegenstände genau kennen, sonst können Sie Abweichungen nicht darstellen. Nehmen wir den Herd:

Ein Edelstahlherd mit vier Kochplatten. Je eine größere und eine kleinere vorn und hinten. Der Backofen ist verglast, sodass man beim Backen (während des Back- oder Bratvorgangs ist er zudem beleuchtet) immer sehen kann, wie weit das Essen ist. Die junge Frau steht morgens früh auf, es ist noch dämmrig. Sie tapst in die Küche. Der Herd richtet seine beiden Augenpaare auf sie, verfolgt sie mit schwarzem, starrem Blick, die kleinen Vertiefungen im Zentrum jeder Platte sind wie kaum wahrnehmbare Pupillen. Das große Glasmaul ist geschlossen. Komisch. Die Frau blinzelt. Nein, alles ist wie immer. Die vier Platten blicken kalt und tot.

So könnte der Text anfangen. Beschrieben wird das Abweichende durch die Bebilderung der eigentlich toten Gegenstände. Sie werden mit menschlichen Körperteilen und Eigenschaften verglichen: mit Augen, mit Blicken, mit einem Gesicht.
Das harmlose Geschehen bekommt dadurch eine beklemmende Note. Aber die normale Funktionsweise und das Aussehen der Geräte muss auch hier stimmen. Egal welches Modell sie wählen, ob herkömmliche Kochplatten oder Ceranfelder; das hängt dann vom Frauentyp ab, was für eine Wohnung sie hat etc.
Wenn Sie über einen Sachverhalt nicht genau Bescheid wissen, müssen Sie also recherchieren. Sie sollten immer einen wesentlich größeren Kenntnisstand haben als ein unvorbereiteter Leser. Wenn Sie nur aus Ihren eigenen, wie auch immer gearteten Erfahrungen schöpfen, stoßen Sie möglicherweise bald an Ihre Wissensgrenzen und damit auch – und das ist wichtig – an Ihre Aussage- und Ausdrucksgrenzen. Sie müssen das fehlende Wissen in Erfahrung bringen.

Je weiter weg – zeitlich oder räumlich – ein Thema ist, desto notwendiger muss jedes Detail erst in Erfahrung gebracht werden. Nehmen wir an, sie wollen einen Roman schreiben, der in Hamburg Mitte des 18. Jahrhunderts spielt. Wie sah die Stadt damals aus? Wie lebten die Leute dort? Wie waren Berufszweige organisiert usw.? Sie können alte Stadtansichten (Bilder, Pläne) studieren oder sich in Bibliotheken sowie Archiven entsprechende Bücher beschaffen und einsehen. Mittlerweile sind auch im Internet zahllose Informationen verfügbar. Es gibt virtuelle Museen, Adressen mit Lexika-Informationen, CD-ROMs mit Enzyklopädien (auch mit Bildern von Bauwerken etc.) und vieles mehr.
Sie wollen über das Leben der Katharina von Bora, der Ehefrau Martin Luthers, schreiben, und zwar unter dem Aspekt der Emanzipation? Dann werden Sie zum einen die Lebensdaten und ihre Lebensumstände recherchieren müssen. Ebenso sollten Sie sich über die herrschenden religiösen Strömungen und Überzeugungen, zeitgenössische Äußerungen im Umfeld der Figur sowie die Lebensbedingungen von Frauen informieren. Hierarchische Strukturen und geltende Normen sind ebenfalls wichtig, beispielsweise die Tatsache, dass ein Leben außerhalb der Kirche, der Religion, so etwas wie ein Kirchenaustritt nicht möglich waren. Das ist eine Menge Arbeit, und Sie werden nach der Recherche unter Umständen (idealerweise) mehr Stoff haben, als Sie benötigen.
Ob Krimi, Sciencefiction, historischer Roman oder zeitgenössischer Beziehungsroman – es gibt fast kein Thema, das einem so vertraut ist, dass man nicht nachforschen müsste. Das fängt bei den Räumen an, und zwar sowohl bei Innenräumen als auch bei Außenräumen. Begeben Sie sich also vor Ort: zum

Beispiel zum Münchner Odeonsplatz mit Feldherrnhalle, Theatinerkirche, der breiten, fast majestätischen Ludwigstraße, in der Ferne das Siegestor, um das sich zwei Straßen winden usw. Nehmen Sie Stift und Zettel und notieren Sie sich die konkreten Einzelheiten: Farben, Formen, Gerüche. Im zweiten Schritt sollten Sie noch weiter gehen: Bilden Sie eine Assoziationskette, einen Bilder-Cluster um den gesamten Raum. Stellen Sie sich folgende Fragen: Wie wirkt das Ganze? Welche Bilder, Vergleiche, Assoziationen fallen Ihnen dazu ein? Clustering basiert übrigens auf der Aktivierung unserer beiden unterschiedlich arbeitenden Gehirnhälften: der linear gliedernden linken und der bündelnd und bildhaft arbeitenden rechten. Allerdings ist vorab unabdingbar, sich neben einer präzisen Beobachtungsgabe einen breiten Wortschatz anzueignen und immer wieder bildhafte Vergleiche zu üben. Denn Sie können nur so viel assoziieren, wie Ihr verfügbares Vokabular hergibt. Wie viele Farbnuancen hat die untergehende Sonne? Mit welchen Bildern (zum Beispiel aus dem Bereich Obst: Orange, Zitrone, Blutorange etc.) kann ich sie beschreiben? Das Gleiche gilt für die Beschreibung von Außen- und Innenräumen. Die Theatinerkirche ist von ockergelber Farbe, die bei Sonnenschein fast golden leuchtet. Bei grauem, regnerischem Wetter sieht sie eher schmutziggelb aus, das Gelb trägt quasi einen Schleier. Sie hat zwei kleine zwiebelförmige Rundtürme, schieferfarben, an manchen Stellen verwittert grünlich schimmernd, und einen ebenfalls schieferfarbenen großen Rundturm (wie eine Glucke mit ihren zwei Küken?). An den kleinen Türmchen ist ein Kranz aus schneckenartig gedrehten schieferschwarzen Vorsprüngen angebracht und darunter ein größerer Kranz ockergelber Mauerschnecken. In diese ist eine schieferfarbene Spirale eingedreht, die außen wie mit genoppter Echsenhaut, ebenfalls schieferfarben, bezogen ist. Die breite Freitreppe zur Feldherrnhalle mit den drei hohen Rundbögen und den beiden Löwen an der Seite hat etwas Einschüchterndes (oder Erhabenes?). Es wirkt, als hätte sie drei weit aufgerissene Mäuler usw. Suchen Sie Bilder und Vergleiche, die zu der Stimmung, die Sie Ihrem Text geben wollen, passen.

Recherchieren, sammeln und notieren Sie alle äußeren und bildhaften Details der Räume, die in Ihrer Geschichte vorkommen sollen.

Sie machen also zwei Rechercheschritte: das rein äußerliche, quasi objektive Erscheinungsbild zum einen, die übertragene, bildhafte, assoziative Ebene zum anderen. Die brauchen Sie für die spätere Beschreibung der Stimmung Ihrer Figuren. Nicht alles, was Sie notiert haben, werden Sie später auch benötigen. Doch je mehr Eindrücke Sie sammeln, desto größer ist der Fundus, aus dem Sie dann, wenn es ans Schreiben geht, schöpfen können. Sie müssen Ihre Örtlichkeiten also genau kennen. Aus dem Gedächtnis kann man sie meistens nicht präzise darstellen. Die Eindrücke sind unscharf und Unsicherheiten tauchen auf: Wie viele Türme hat die Theatinerkirche, ist eine Uhr angebracht, wie sieht das Portal aus?
Dasselbe gilt für Ihre Figuren. Sie müssen sich überlegen, wer Ihre Figuren sind, wie sie aussehen, was sie können, was ihr Verhalten ausmacht. Das gilt nicht nur für menschliche Wesen, sondern auch für Tiere oder

für Kunstwesen wie beispielsweise Roboter. Auch hier müssen Sie bestimmen, aus welchem Material es ist, ob an den Gelenken Scharniere sitzen, wie die Stimme klingt, ob das Wesen überhaupt sprechen kann, über welchen Wortschatz es verfügt usw. Nur so können Sie die Figur gezielt agieren lassen.

Eine besondere Art der Recherche ist erforderlich, wenn Sie perverse, anormale Figuren schaffen und darstellen. Nehmen wir an, Sie schreiben einen Krimi. Sie wollen einen Serienmörder darstellen, der Frauen umbringt – speziell Prostituierte. Er stranguliert sie mit ihrer eigenen Unterwäsche im Freien. Sie können sich dazu beispielsweise die Arbeit eines Profilers ansehen. Diese Kriminaltechniker ziehen aus der Art und Weise, wie ein Mord durchgeführt wird, Rückschlüsse auf den Typus des Täters. Denn Sie brauchen ja ein Täterprofil, also die Beschreibung der Merkmale, die einen Serientäter kennzeichnen. Dieses umfasst sowohl den Hintergrund (Kindheit, Verhältnis zu Mutter und Vater etc.) als auch aktuelle Verhaltensmuster. Für die Beschreibung des Zustands, in dem eine Leiche aufgefunden wird (wie sieht sie aus?), bedarf es genauer Kenntnisse der Spurensicherung. Hilfreich ist hier auch, beispielsweise den neuesten Wissensstand über Insekten- beziehungsweise Madenbefall von Leichen zu kennen, der auf den Tatzeitpunkt schließen lässt.

Bestimmen Sie die Eigenschaften Ihrer Figuren und statten Sie sie mit passenden äußerlichen (Aussehen, Größe, Augenfarbe, Gesten, Mimik) und inneren Merkmalen (Ängste, Träume, Sorgen, Herkunft, Verhältnis zu Eltern etc.) aus.

Wie taucht nun die recherchierte Information im Roman auf? Da Sie keinen Bericht schreiben, sondern eine Geschichte erzählen, müssen Sie diese Informationen in den Handlungsgang verpacken (in den nachfolgenden Kapiteln werden wir dazu noch zahlreiche Beispiele anführen). Gehen wir von der Sicht des Kommissars aus, nennen wir ihn Berger, der zu einem Tatort kommt. Die Situation ist wie vorher angedeutet. Ein Spaziergänger hat eine weibliche Leiche entdeckt und die Polizei angerufen.

Müde rieb sich Berger mit Daumen und Zeigefinger die Augen. Es war spät, er hatte gehofft, heute einmal früher nach Hause zu kommen. Und nun das. Schon die dritte Frauenleiche innerhalb von zwei Monaten. Er warf einen Blick auf die Frau, sie war jung, Ende zwanzig vielleicht, so genau konnte er das in dem trüben Licht der Straßenlaterne nicht erkennen. Sie lag auf dem Rücken, wie schlafend. Ihr Gesicht war von einem bläulichen Weiß. Um ihren Hals war etwas Schwarzes geschlungen. Er beugte sich hinunter, um zu sehen, was es war. Sah aus wie ein Slip …

So oder ähnlich können Sie dann Ihr Wissen (Todesart, Tatwaffe) in den Handlungsverlauf einfließen lassen. Das Prinzip ist: Notwendiges Wissen (das der Leser braucht, um der Handlung folgen zu können), taucht nicht als Information auf, sondern als quasi natürliches Bild einer Szenerie. Informieren Sie den Leser nie direkt. Eine Geschichte richtet sich nie an jemanden außerhalb des Textes.

Die recherchierten Einzelheiten dürfen nicht direkt als Informationen an den Leser gegeben werden.

Sie können das Ganze natürlich auch bei Tag geschehen lassen, dann wird die Szenerie eine ganz andere sein:

Müde rieb sich Berger mit Daumen und Zeigefinger die Augen. Das Aufstehen war ihm heute schwer gefallen. Und dann das. Schon die dritte Frauenleiche in zwei Monaten. Die Luft war schon jetzt, am frühen Morgen, warm und schwer, fast zu warm für Anfang Mai. Vielleicht würde es ein Gewitter geben. Irgendwo sang eine Amsel ihre traurigmelancholische Melodie.
Er trat näher an die tote Frau heran. Fliegen schwirrten und surrten schwarzglänzend um den Körper, ließen sich darauf nieder und flogen in einem dunklen Schwarm wieder auf, Schmeißfliegen. Soweit er wusste, war sie dann höchstens zwei Wochen tot. Aber Genaueres würde die Obduktion ergeben. Die Frau lag da, auf den ersten Blick fast wie schlafend. Nur die Beine waren eigenartig verdreht, als wäre sie im Sprung erstarrt. Um ihren Hals war etwas Schwarzes geschlungen, offenbar war sie erwürgt worden.
Er beugte sich hinunter, um zu sehen, was es war. Sah aus wie ein Slip …

Die Variationsmöglichkeiten sind zahllos und hängen davon ab, welche Stimmung Sie Ihrem Text geben möchten. (Auf die Erzeugung unterschiedlicher Stimmungen mittels Beschreibungsvokabular und Bildern kommen wir im Kapitel »Beschreibung von Innen- und Außenräumen« noch ausführlicher zu sprechen.)

Um eine Welt also glaubhaft darstellen zu können, müssen Sie sich in ihr vollkommen auskennen. Der Leser spürt sofort, wenn ein Schauplatz nicht stimmig und eine Figur nicht richtig ausgearbeitet ist. Das liegt daran, dass für Figuren, die Sie nicht wirklich kennen, Ihr Darstellungsrepertoire schnell erschöpft ist und Sie dann auf Stereotypen zurückgreifen.

Manche Autoren möchten einen Krimi schreiben. Sie erfinden eine Figur, einen Mörder, und lassen sie einen Mord nach dem anderen begehen. Dabei haben sie aber keine Vorstellung von den psychologischen Mustern und Motiven ihrer Figur. Auch ein Mörder mordet nicht immer. Er isst, trinkt, schläft, träumt und hat eine Kindheit durchlebt. Das alles muss erforscht werden.

Es gibt keine Vorschriften, wie Sie Ihre Informationen zu sammeln haben. Es ist jedoch sinnvoll, nach Figurenporträts, Schauplätzen, technischem Wissen etc. zu sortieren. Sie müssen dafür, noch bevor Sie sich an den Schreibtisch setzen, unter Umständen sehr viel Zeit aufbringen und die verschiedensten Schauplätze aufsuchen. Das kann sehr aufwändig sein, ist für einen guten Text aber unabdingbar. Aber macht es nicht auch Spaß, sich ein Thema, einen neuen Bereich zu erobern? Und Spaß sollten Sie an Ihrer Arbeit unbedingt haben, denn sonst ist das Pensum kaum zu bewältigen. Schlimmstenfalls verlieren Sie dann schnell die Lust an der Recherche. Das Bedürfnis, alles für Ihren Roman, Ihre Geschichte in Erfahrung zu bringen, ist also Voraussetzung dafür, dass Sie durchhalten.

Romanfiguren sind lebendige Individuen

Eng mit der Handlungsplanung verbunden sind die Figuren. Oft ist ja auch eine Figur Ausgangspunkt einer Geschichte, einer Handlung. Was macht eine Figur lebendig? Wann haben wir das Gefühl, eine Figur wie eine lebende Person vor uns zu sehen? Das geschieht nur dann, wenn eine Figur im Handeln, Sprechen, in Gestik und Mimik sowie in ihrer psychischen Befindlichkeit komplex dargestellt ist. Im täglichen Leben sehen wir ständig Menschen: Freunde, Vertraute, Fremde. Doch wie kommt das, was wir vor Augen haben, aufs Papier? Wenn Sie selbst eine Figur Ihrer Geschichte wären, wie würden Sie sich charakterisieren, welches Verhalten, welche typische Gestik und Mimik haben Sie? Welche speziellen Eigenschaften würden Sie herausgreifen? Welche dieser Eigenschaften sind kennzeichnend und welche brauchen Sie im Text? Vielen Autoren sind ihre Figuren scheinbar klar, aber davon steht nichts in den Manuskripten. Die Figuren haben weder Mimik und Gestik noch zeigen sie spezifisches Verhalten. Was wir selbstverständlich im Kopf haben, muss auch aufs Papier gebracht werden. Sonst bleibt es für den Leser unsichtbar und er kann keine Vorstellung entwickeln. Aber gerade weil unsere Vorstellungen für uns so selbstverständlich sind, setzen wir voraus, dass der Leser dieselben entwickelt. Das ist natürlich nicht der Fall. Da kennen wir diese junge Frau, eine Arbeitskollegin, die immer, wenn sie nachdenkt, mit zu Schlitzen verengten Augen in die Ferne starrt. Dabei zwirbelt sie eine Strähne ihres langen braunen Haars um den rechten Zeigefinger. Eine solche charakteristische Eigenart sollte dann auch in den Text, in die entsprechende Situation einfließen.

Oft hören wir in diesem Zusammenhang das Argument: »Ich möchte nicht alles so genau beschreiben, der Leser hat ja sonst keinen Raum mehr für seine eigene Fantasie«. Dahinter verbirgt sich meist jedoch die Unkenntnis über Möglichkeiten und Notwendigkeiten der Figurenzeichnung und eine falsche Vorstellung davon, wofür der Leser seine Fantasie einsetzen soll. Statt Verhaltensweisen zu zeigen, werden Wertungen und Interpretationen der Figuren ausgeführt, die der Leser nicht nachvollziehen kann. Nehmen wir zum Beispiel den Satz: »Sie war launisch«. Das kann jeder schreiben, ohne erklären zu müssen, wie diese Wertung zustande kommt. Doch genau darin liegt die Kunst des Schreibens. Bestimmte Verhaltensmuster müssen in aktive Handlungen übersetzt werden – zum Beispiel folgendermaßen:

»Dann gehen wir heute Abend also ins Kino?«
Sie seufzte. »Ach, ich weiß nicht.«
»Wir können auch zu Hause bleiben.«
Er griff nach der Fernsehzeitschrift und schlug sie auf.
»Mhm.« Sie legte die Arme auf die breiten Sessellehnen, schlug die Beine übereinander und wippte mit dem Fuß.
»Hast du irgendwas?«, fragte er und sah sie stirnrunzelnd an.
»Was soll ich haben? Alles in Ordnung.«
»Was soll das heißen?«
»Na, zu Hause bleiben ist schon in Ordnung.«

Es gibt universelle menschliche Gesten und mimische Bewegungen, die in unserem Kulturkreis Anzeichen einer gewissen Befindlichkeit sind: Lächeln, Lachen, das

Nach-unten-Ziehen der Mundwinkel, Weinen, Stirnrunzeln, Fingerkneten, Arme verschränken usw. Die Palette ist sehr breit. Diese Gesten sagen etwas über das Verhalten und die Befindlichkeit einer Figur aus. Diese Verhaltensmuster kann man interpretieren, quasi lesen wie eine Sprache, und das soll der Leser auch. Ihm muss nicht gesagt werden, *wie* eine Figur ist (das muss er dem Autor unbesehen glauben), sondern gezeigt werden, *was* eine Figur *tut*. Das legt dann eine bestimmte Interpretation ihres Charakters nahe. Wie diese Eigenschaften mit der Handlung und der jeweiligen Situation verknüpft werden können, zeigen wir später.

An dieser Stelle wollen wir auf vorbereitende Schritte zur Figurenzeichnung eingehen: das Sichvertrautmachen. Dies ist notwendig, da Sie jede Frage über Ihre Figur (Was isst sie gern? Was würde sie tun, wenn ihr Freund/ihre Freundin sterben würde? usw.) beantworten können müssen. Zunächst ist dabei genaues Beobachten wichtig. Wie würden Sie Bewegungen, typische Gesten und Verhaltensweisen darstellen? Darüber hinaus sollten Sie sich Hilfsmittel beschaffen, denn die uns umgebende Welt allein ist oft als Anschauungsmaterial nicht ausreichend. Bücher über Körpersprache geben Ihnen Hilfestellungen, um Ihre Charaktere überzeugend ausstatten zu können. Notieren Sie sich Kennzeichen, die Sie einer Figur geben wollen, auf Karteikarten. Diese Merkmale müssen sich durch den gesamten Text ziehen und sich in verschiedenen Situationen gegebenenfalls auch ändern (oder eben nicht). Aus Büchern über Körpersprache können Sie vieles verwenden, um Ihren Figuren ein unverwechselbares Verhalten zu geben. Die große Bedeutung der Gestensprache und Mimik können Sie daran ermessen, dass es Menschen gibt, die Gesten gezielt einstudieren, um beim Gegenüber einen bestimmten Eindruck zu erwecken.

Über Figuren, die von der Normalität abweichen, die zum Beispiel krank, psychisch gestört oder Mörder sind, haben wir bereits kurz gesprochen. Sie brauchen Täterprofile, Krankheitsbilder, Psychogramme etc., um typische Verhaltensformen glaubwürdig darstellen zu können. Zu diesen Figuren gehören natürlich auch Herkunft, Kindheitserlebnisse, Ängste, Traumata und Träume. Traumbücher, in denen Traumbilder und zugeordnete Bedeutungen erläutert werden, helfen Ihnen hier weiter. Denn auch Träume, die Sie einer Figur geben, sollten Sie nicht frei erfinden. Hier ein Beispiel: Dem Traumsymbol Schnee wird eine negative Bedeutung zugeschrieben. Im Schnee versinken, heißt, dass die Gefühle zu jemandem erkalten; wenn man im Traum mühsam durch tiefen Schnee stapft, bedeutet es, dass man in Bedrängnis kommen wird.

Der von erfolgreichen, routinierten Autoren oft gebrauchte Satz: »Meine Figuren entwickeln ein Eigenleben, sagen mir, wie es weitergeht…«, weist letztlich nur darauf hin, dass ein Autor seine Charaktere bis ins Detail ausgearbeitet hat. Sie erscheinen ihm wie lebende Wesen, die verschiedene Handlungsmöglichkeiten haben. Ein weniger routinierter Autor sollte bei dieser lockeren Vorgehensweise jedoch noch Vorsicht walten lassen.

Statt über Ihre Figur zu schreiben: »Er ist verklemmt«, zeigen Sie dem Leser typisches Verhalten. »Er saß auf der äußersten Kante des Stuhls, die Beine aneinander gedrückt, die Hände zwischen die Knie gepresst.« Ohne dass es gesagt wird, kann jeder selbst den Schluss ziehen, welche Charaktereigenschaft gezeigt werden soll beziehungsweise wie das momentane Verhalten zu deuten ist – so viel zum Fantasiespielraum des Lesers. Auf dem Entwurf für diese Figur stehen dann die äußeren Merkmale: Größe, Statur, Haar-/Augenfarbe, Herkunft, soziales Umfeld, Beruf. Daneben die Eigenschaften: fühlt sich in größeren Gesellschaften unwohl, ist gehemmt, steht abseits, klammert sich am Glas fest, weicht Blickkontakt aus, lächelt nervös mit nur einem Mundwinkel; er sitzt meistens auf der äußersten Stuhlkante mit zusammengepressten Knien. Zu Hause entspannter, fühlt sich dort geborgen etc.

Halten Sie Charaktereigenschaften und konkrete Verhaltensmerkmale der Figuren fest, die Sie in den verschiedenen Szenen Ihrer Handlung brauchen.

Maßgabe ist natürlich die Geschichte, die Sie erzählen wollen und nach der Sie Ihre Figuren zusammenstellen. Legen Sie die Hauptfigur(en) sowie die Nebenfiguren fest. Erstere müssen detaillierter ausgearbeitet werden als die Randfiguren (etwa der Kellner, der im Lokal bedient). Im nächsten Beispiel wollen wir dies einmal durchspielen.

Der Handlungsbogen bedarf genauer Planung

Gehen wir zurück zu unserem Lottogewinner. Sie haben Ihren Stoff gefunden und eine Aussage formuliert, die Sie anhand der Geschichte illustrieren wollen. Entweder wie bereits formuliert »Geld bringt auch kein erfüIltes Leben, wenn man dies allein schon nicht schafft« oder »Wahre Freundschaft hat nichts mit Geld zu tun«. Sie haben das Figurenarsenal bestimmt: die Hauptfigur, die Mutter, die ihn verwöhnt hat, eine Schwester, die von der Mutter immer benachteiligt wurde und daher ein gespanntes Verhältnis zu ihrem Bruder hat. Wir können sie vielleicht später brauchen, wenn unser Held in die Schwierigkeiten gerät, in die wir ihn allmählich hineinführen. Möglicherweise denkt er dann als letzte Rettung an seine Schwester (ergibt eine Szene). Als letzte Sequenz wäre zum Beispiel vorstellbar: Er sitzt wieder vor dem Fernseher, mit seinem letzten Geld hat er einen Lottoschein gekauft, sieht sich die Ziehung der Lottozahlen an und verliert. Dann hätten wir einen Kreisschluss, der die Prämisse belegt: Es geht ihm durch sein unsinniges Verhalten nach dem Geldsegen schlechter als vorher.

Wenn Sie die Figurenporträts anlegen, sollten Sie auf einige Dinge achten: Greifen Sie nicht in die Klischeekiste, das kann dazu führen, dass eine große Distanz zum Leser entsteht. Wählen Sie also nicht unbedingt den Bierbauch, das Schießer-Feinripp-Unterhemd, die Bierflasche auf dem Tisch. Machen Sie Ihre Figur auch nicht lächerlich.

Hier nun das Porträt unseres Lottospielers: mittelgroß, schlank bis schmächtig, dunkle Haare, Alter 33 Jahre, schmales Gesicht, dunkelbraune Augen, ganz hübsch, Schnauzbart, blass. Er hält sich selbst für gut aussehend und hat wegen seiner Mutter, die er für ihre Dienstbarkeit und Unterwürfigkeit insgeheim verachtet, ein ebenso verachtungsvolles Verhältnis zu Frauen. Frauen will er zwar »besitzen«, also mit ihnen schlafen, aber er hat keinerlei Vorstellung von einer partnerschaftlichen Beziehung. Um größer zu wirken, hält er sich sehr gerade, wirft immer den Kopf zurück, bevor er irgendwo eintritt usw. Er hat keine richtige Ausbildung, hat nichts zu Ende gebracht, arbeitet ab und zu als Verkäufer, kommt aber wegen seiner Großspurigkeit mit den Kollegen nicht gut aus. Solche Porträts machen Sie auch für die Mutter, die Freunde, Bekannten, die Schwester und die Frauen, die ihn interessieren.

Nun muss der gesamte Handlungsbogen aus einzelnen Szenen zusammengesetzt werden, die wie Bausteine unser Thema, unsere These, illustrieren sollen. Bei der Kindheit der Hauptfigur – nennen wir sie Erich – anzufangen, wäre unsinnig und unökonomisch. Denn der Rahmen der Geschichte bietet nur begrenzten Platz und unser Thema ist ein anderes. Es bezieht sich zwangsläufig auf ein Geschehen im Erwachsenenleben (auf das Problem des zu frühen Einsetzens einer Handlung gehen wir im zweiten Kapitel genauer ein). Dennoch brauchen wir Details aus der Kindheit, die wir in Form von Rückblicken – auf die Mutter, die Schwester, die Schulzeit – einbauen. Diese sind an Erichs Sicht gebunden. Er könnte an eine Szene mit seiner Schwester denken, wenn er später überlegt, ob er sie um Hilfe bitten kann. Beispielsweise eine Szene beim Essen: Die Schwester musste ihm auf Anweisung der Mutter alles bringen, was er wollte, was Erich natürlich ausgenutzt hat.

So weit der grobe Abriss des Geschehens. Nun wollen wir versuchen, die möglichen Szenen, die unsere Aussage illustrieren sollen, etwas genauer festzulegen.

Eine vorstellbare erste Szene für Erichs Geschichte haben wir ja schon angedacht: Sie beginnt an einem Samstagabend mit der Ziehung der Lottozahlen. Prinzipiell ist es günstig, an einer Stelle der Handlung anzufangen, kurz bevor sich eine Veränderung, ein Einschnitt abzeichnet. Das bietet uns die Möglichkeit, die

Figur zu zeigen, wie sie zu Anfang ist, also vor dem auslösenden Ereignis. So wird am Ende die Entwicklung zum Besseren oder Schlechteren nachvollziehbar. Jeder Roman braucht ein solches auslösendes Ereignis, damit die Handlung überhaupt in Gang kommt. Wenn Erich immer so bleiben würde, wie er ist, ohne einen Auslöser für Veränderungen, gäbe es kaum etwas zu erzählen:

Wir sehen Erich also im Sessel sitzen, vor dem Fernseher, die lächelnde Ansagerin kündigt 6 aus 49 an, die Musik plätschert, die Kugeln fallen eine nach der anderen. Erich kennt sie, es sind die Zahlen, die er immer spielt. Sein Mitfiebern: die erste Zahl stimmt, die zweite, die dritte auch noch usw. Dann kann er es nicht glauben. Sechs Richtige! Seine Zahlen, die er seit Jahren spielt. Er steht auf, setzt sich wieder, überlegt, ob er jemanden anrufen soll, seine Mutter vielleicht? Nein, die wird bloß wieder jammern, dass ihre Rente nicht reicht, und dann müsste er sie vielleicht unterstützen. Seine Schwester schon gar nicht, aber vielleicht seinen Kumpel Herbert, oder die Rita?

So sind einige Figuren, die in späteren Szenen auftreten müssen, schon in ihrer Beziehung zu Erich angerissen. Er könnte überlegen, was er alles mit dem Geld machen, was er sich kaufen, wen er beeindrucken will. So lernen wir seine Wünsche und Prioritäten kennen.

Die zweite Szene könnte Erich beim Aufwachen zeigen. Er hat ganz gut geschlafen, schlägt die Augen auf und schaut ins Halbdunkel des Zimmers. Er hat irgendetwas Wirres geträumt vom Meer und übermächtigen Wogen aus braungrün trübem Wasser. Dann fällt ihm ein: Da war doch was, ja

natürlich, der Lottogewinn. Stimmt es wirklich? Mit einem Ruck ist er wach. Er steht auf, schaut nochmals auf seinen Quittungszettel, ruft den ARD-Videotext mit den Lottozahlen auf, Lotto am Samstag, Tafel 667. Tatsächlich: 2, 5, 11, 18, 25, 34. Seine Zahlen. Er ist in Hochstimmung.
In der dritten Szene kündigt er seinen Job in einem Kaufhaus, den er seit einigen Wochen in der Abteilung für Herrenbekleidung hat.
Dann, in der vierten Szene, ruft er seine Kumpels an, sie treffen sich in einer Kneipe, Erich protzt und prahlt und zahlt alles.
In der fünften Szene fängt er an einzukaufen. Nur das Teuerste: Auto, Stereoanlage, schließlich die Badewanne.
Seine Mutter besucht er in der sechsten Szene. Es ist so, wie er es erwartet hat: Sie jammert darüber, wie schlecht es ihr geht. Er verschweigt ihr den Gewinn.
Er geht in einer neuen Szene zu einem Anlageberater der Bank. Er möchte mehr aus dem Geld machen, aber die Angebote dort sind ihm zu dürftig – ein paar Prozent Zinsen, er will – das passt zu seinem von uns bestimmten Charakter – mehr. Also sucht er sich in der nächsten Szene ein verlockendes Angebot aus der Zeitung: Mindestens zwanzig bis dreißig Prozent Verzinsung werden versprochen.
Die Handlung entwickelt sich zum Höhepunkt hin: Er verliert, seine Geschäfte gelingen nicht, das Geld schmilzt dahin. Er muss seine Anschaffungen verkaufen, ihm bleibt nichts mehr, selbst seine Wohnung könnte er verlieren. Er hat nur noch Schulden und der Gerichtsvollzieher tritt auf.

Niemand hilft ihm. Weder die Freunde, die plötzlich ausweichen, herumdrucksen – du weißt ja, ich hab ja selber nicht gerade viel, und dann das neue Auto –, noch die Schwester. Nur zur Mutter könnte er zurück, aber das will er nicht, obwohl es bequem wäre.
Die Schlussszene hatten wir bereits angedacht: der nochmalige, diesmal vergebliche Versuch, Geld zu gewinnen, am Samstagabend bei der Ziehung der Lottozahlen.

Somit wäre die Geschichte in ihrem Szenenablauf in etwa festgelegt. Sicher kommen im Verlauf der Arbeit noch Szenen hinzu oder es fällt die eine oder andere wieder heraus. Hier können Sie Ihren Ideen, die sich beim Schreiben entwickeln, folgen. Die Einfälle häufen sich, je länger Sie sich mit dem Thema und der Materie beschäftigen.

Verschaffen Sie sich einen kompletten Überblick über den Gang Ihrer Geschichte.

In den Zeiten, in denen in Erichs Leben nach dem Gewinn nichts Erzählenswertes passiert, wird ein Schnitt gemacht. Die Handlung setzt dort wieder ein, wo der nächste Abschnitt beginnt, der etwas Neues bringt, zum Beispiel eine neue Figur.
Sie sollten beim Schreiben auch nicht in einer zusammenhängenden Kette denken (dann tat er dies und dann tat er das). Stellen Sie sich filmische Einzelstationen vor, in getrennten Szenen, die aufeinander aufbauen.

Sätze wie »in den nächsten Wochen passierte nicht viel« können ersatzlos gestrichen werden. Hier gibt es nichts zu erzählen, also wird ein Schnitt gemacht, ähnlich wie im Film. Dieses filmische Denken kann eine gute Hilfe beim Blick auf den Aufbau Ihrer Handlung und auf die Figuren sein (wir kommen auf das filmische Denken im Abschnitt »Show, don't tell« nochmals zurück).
Sie brauchen beim Schreiben nicht unbedingt mit der ersten Szene anzufangen. Sie können die Szenen zunächst beliebig entwerfen und dann sehen, wo sie am besten hinpassen. Die erste Szene ist ohnehin mit das Schwerste. Sie muss intensiv ausgestaltet werden, weil in ihr die Grundlage für das gesamte Geschehen gelegt wird. Hier führen Sie Ihre Hauptfigur ein, andere wichtige Personen werden zumindest angedacht und das Thema wird angerissen. Im Verlauf Ihrer Geschichte können Sie handlungsintensive und ruhigere, handlungsärmere Szenen bauen, damit das Tempo variiert.
Mit der Zeit werden Sie feststellen, dass diese Vorbereitungen dazu führen, dass sich die Figuren immer schärfer vor Ihren Augen abzeichnen. Sie können sie quasi in den einzelnen Szenen vor sich sehen.
So entsteht ein Text wie ein Puzzle, in dem jedes Teilchen zueinander passt. Wenn der kreative Prozess richtig gesteuert wird, setzt er ungeheure Fantasiekräfte frei.

Wer erzählt hier eigentlich?

Wenn wir Autoren fragen: »Wer erzählt eigentlich in Ihrer Geschichte?«, kommt zuweilen die Antwort: »Na, ich erzähle das.« Das ist natürlich in gewissem Sinne zunächst einmal zutreffend, denn der Autor hat die Geschichte ja tatsächlich zu Papier gebracht. Gemeint ist hier aber etwas anderes. Jede Geschichte hat und braucht einen Erzählstandpunkt, einen Blickwinkel, von dem aus das Geschehen geschildert wird. Vielen Autoren ist die Notwendigkeit dieser Wahl und die damit verbundene Festlegung auf eine Sicht gar nicht bewusst. Sie schwenken mitten im Kapitel von der Sicht einer Figur zur anderen. Profis tun dies mit Bedacht, doch Anfänger merken es oft gar nicht, weil sie keinen bestimmten Erzählstandpunkt gewählt haben. Wenn Sie sich auf einen Standpunkt festlegen, zum Beispiel aus der Sicht eines Mannes, der sich bewusstlos stellt, können Sie nicht gleichzeitig die Gedanken und Handlungen anderer Figuren darstellen. Das kann dann nur in Vermutungen oder Ahnungen der Hauptfigur passieren. Folgendes Beispiel soll zeigen, wie Brüche im Erzählstandpunkt beziehungsweise ein fehlender Erzählstandpunkt aussehen und welche Wirkung sie haben. Meist beeinträchtigen sie die Spannung der angerissenen Situation:

Von außen sah es aus, als wäre er bewusstlos. Man hätte ihn für tot halten können, so reglos lag er da. Aber er hörte Stimmen in seiner Nähe. Es war, als wäre nicht er der Verletzte, sondern vielleicht ein Kind oder eine Katze mit gebrochenem Bein. Das betraf ihn alles nicht.
Er vernahm ihre Stimmen und mischte sich nicht ein. Ihm fehlte die Lust und die Kraft, sich aus dem seltsamen halb wachen Zustand zu befreien.
»Fällt und bleibt vor der Haustür liegen«, sagte Marlies. Besorgt schüttelte sie den Kopf.

»Als wäre er urplötzlich eingeschlafen. Und ich und der Taxifahrer schleppen ihn die Treppe hoch und legen ihn ins Bett – nun, es war mehr der Taxifahrer, muss ich zugeben.« Sanft streichelte sie sein Gesicht und schüttelte wieder den Kopf, als könne sie es noch nicht glauben.
So etwas hatte sie in den fast vierzig Ehejahren mit Herbert noch nicht erlebt. Liegt der einfach so da und rührt sich nicht mehr.
»Ein winziger Schlag«, erklärte Bürgermeister Trautwein nach laienhafter Untersuchung des Kopfes, »eine kleine Beule. Nicht besonders aufregend, scheint mir.«

Die Perspektive wechselt von einer objektiven Beschreibung zu dem fast bewusstlosen Herbert, dann zu seiner Frau und später zum Bürgermeister. Vermutlich möchte der Autor alle möglichen Sichtweisen darstellen, weil *er* ja als Außenstehender die Geschichte erzählt. Dabei hält er sich nicht an seine Vorgabe, den Mann und seine Wahrnehmung darzustellen. Es entsteht kein nachvollziehbares Bild der Figur Herbert, vielmehr bleibt sie unscharf und die Handlung verschwimmt. Die Geschichte braucht also eine einheitliche Linie, einen stringenten Blickwinkel.
Wie könnte die Passage aus einer einheitlichen Perspektive aussehen? Wenn wir wollen, können wir das Verhalten der Frau trotz der gewählten Perspektive darstellen, indem wir Herbert sich vorstellen lassen, was seine Frau begleitend tut; er kennt sie ja sehr genau. Vielleicht so:

Von außen musste es aussehen, als wäre er bewusstlos. Man könnte ihn wahrscheinlich für tot halten, so reglos lag er da. Aber er hörte die

Stimmen der Personen in seiner Nähe. Es war, als wäre nicht er der Verletzte, sondern vielleicht ein Kind oder eine Katze mit gebrochenem Bein. Das betraf ihn alles nicht. Er vernahm ihre Stimmen und mischte sich nicht ein. Ihm fehlte die Lust und die Kraft, sich aus dem seltsamen halb wachen Zustand zu befreien.

»Fällt und bleibt vor der Haustür liegen«, hörte er Marlies sagen. Er konnte sie vor sich sehen, wie sie dabei langsam den Kopf schüttelte, so wie sie es immer tat, wenn sie sein Verhalten missbilligte.

»Und ich und der Taxifahrer schleppen ihn die Treppe hoch und legen ihn ins Bett – nun, es war mehr der Taxifahrer, muss ich zugeben.«

Er spürte, wie eine Hand sanft sein Gesicht streichelte. War das Marlies' Hand? Das hatte sie lange nicht mehr getan. Natürlich, so etwas hatte sie in den vierzig Jahren ihrer Ehe auch noch nicht erlebt.

Sein Kopf wurde angehoben und leicht hin und her gedreht. »Ein winziger Schlag«, sagte eine tiefe Männerstimme. Das musste der Bürgermeister sein. »Eine kleine Beule. Nicht besonders aufregend, scheint mir.«

Wenn Sie als Autor erzählen und keine gezielte Blickrichtung wählen, entsteht schnell der Eindruck des Plan- und Ziellosen, wie beispielsweise im ersten Text. Diese Richtungslosigkeit eines Romans ist oft schon an dem Pronomen »man« zu erkennen: »Man sah einen dichten Wald mit dunkelgrünen Kiefern« – Wer ist *man*? Aus der Perspektive welcher Person wird das gesehen? Verlassen Sie also Ihren eigenen Standpunkt, und wählen Sie eine Blickrichtung, eine Ausrichtung der

Geschichte, an die Sie sich im Weiteren auch halten müssen. Sie wollen mit Ihrer Geschichte ja etwas aussagen, deshalb ist ein Standpunkt notwendig.
Wenn wir Autoren auf Brüche in der Perspektive aufmerksam machen, kommt häufig die Frage: »Ja, darf ich denn die Perspektive nicht wechseln?« Natürlich darf er! Es kommt aber darauf an, dass der Wechsel auch einen Sinn ergibt. Wenn er beispielsweise die Gegensicht einer anderen Figur zeigt. Der Wechsel sollte Ihnen nicht unbemerkt unterlaufen, denn dann stimmt meist etwas am Text nicht. Es wäre schon Zufall, wenn es einfach passiert und trotzdem passt und stimmig ist.
Die Wahl der Erzählperspektive hängt sowohl von der Intention des Autors als auch vom Thema der Geschichte ab. Hier gibt es drei Grundformen: Sie können sich für einen Ich-Erzähler entscheiden. Dieser ist nicht unbedingt mit dem Autor identisch, es sei denn es handelt sich um eine Autobiografie.
Der auktoriale Erzähler überblickt die Geschichte quasi von oben und kann seine Sichtweise hierhin und dorthin schwenken. Der auktoriale wird auch allwissender Erzähler genannt. Das heißt aber nicht, dass er beliebig erzählen kann. Er muss bei seiner Geschichte, bei seinem Thema bleiben.
Als dritte Möglichkeit gibt es noch den figurengebundenen Erzähler. Er berichtet aus der personalen (Er-/Sie-) Perspektive, also ausschließlich aus der Sicht *einer* Figur.
Auf diesen drei Grundperspektiven beruhen sozusagen alle Romane, auch wenn es Mischformen gibt.

Die Ich-Perspektive

Die Ich-Perspektive bietet zwei Möglichkeiten: den Ich-Rückblick, das heißt die Darstellung eines Geschehens aus der Sicht eines Ich-Erzählers, der die Vergangenheit beziehungsweise ein markantes Ereignis aus dieser aufrollt. Bei der Ich-Erzählung im Präsens fallen Erleben und Erzählen zusammen. Dieses spannungssteigernde Mittel wird übrigens auch im täglichen Leben häufig benutzt:

Ich steh da vor der Tür, will anklopfen, da hör ich drinnen so seltsame Geräusche, dumpfe Schläge, wie von einem schweren Hammer. Ich lege mein Ohr an die Tür…

Sie können also Ihre Geschichte so konstruieren, dass sie in der Ich-Form erzählt wird, während sie – im Präsens – abläuft. Diese Erzählweise wird häufig angewandt, wenn Erlebnisse in eine bleibende Gegenwärtigkeit gerückt werden sollen, beispielsweise bei Reiseschilderungen und Reportagen. Die Ereignisse sind bereits vorbei, werden aber durch die gewählte Zeit spannend und (all)gegenwärtig gemacht. Bedenken Sie jedoch: Problematisch wird die Ich-Erzählung, wenn Ihre Figur im Laufe der Geschichte stirbt. Wie soll es dann weitergehen?
Viele Autoren glauben allerdings, eine Ich-Perspektive, noch dazu im Präsens, sei von Haus aus unmittelbarer und spannender als eine Figurenperspektive oder gar eine übergeordnete Erzählperspektive. Sie sagen: »Im Ich zu erzählen fällt mir irgendwie leichter, da komme ich besser klar«. Das bedeutet oft nur, dass sie lediglich ihre eigene Geschichte erzählen, die sie ja kennen, die Ihnen vertraut ist, dass sie sie aber nicht literarisch gestalten. Es liegt nicht an der Verwendung eines bestimmten Pronomens, wenn eine Geschichte den Leser fesselt. Spannend und unmittelbar wird ein Text durch

das gelungene Zusammenspiel von Thema und Perspektive sowie den richtigen erzählerischen Stil- und Ausdrucksmitteln. Deutschsprachige Autoren benutzen die Ich-Perspektive im Präsens sehr gerne. Und wir stellen uns oft die provokante Frage: Könnten diese Autoren auch in einer anderen Perspektive erzählen? Weil dieser Typus aber inzwischen fast zu einer Masche geworden ist, wollen wir an dieser Stelle kurz darauf eingehen. Diese Texte lesen sich manchmal etwa so:

Ich stehe am Strand. Ich schaue übers Meer. Ich lasse meine Gedanken treiben. Ich spüre den Wind. Ich höre die Wellen und ich denke an die Trennung von Peter…

Die Erzählperspektive »Ich« wird hier eher stereotyp verwendet. Sie sehen, das Pronomen an sich wirkt weder unmittelbar noch anschaulich. Wir merken zwar, dass uns ein Erzähler etwas aus dem eigenen Leben anvertraut, der Text hat sozusagen Bekenntnischarakter, doch woran lässt uns der Autor teilnehmen? Es gibt keine Beschreibungen, keine Bilder – es werden lediglich Zustände aufgelistet. Wenn Sie als Autor dichte und anschauliche Texte schreiben wollen, müssen Sie das, was gesehen, gespürt, gefühlt und gehört wird, durch Bilder vermitteln. Das Ich muss ausdrücken, *was* es spürt, hört und sieht, ohne sich selbstgefällig oder egozentrisch in den Vordergrund zu rücken. Meistens kann das Pronomen »Ich« dann sogar wegfallen. Es ist lediglich das Medium einer bestimmten Wahrnehmung und Weltsicht. Die Textpassage könnte dann so aussehen:

Der Strand erstreckt sich breit und bleich vor mir. Die bleigrauen Wellen schieben sich tückisch-

sanft über den Sand wie ein trüber Schleier. Das Rauschen des Wassers schwillt an und wieder ab und der schwere, salzige Wind streicht mir übers Gesicht. Die Trennung von Peter, die heftigen Vorwürfe, ich würde ihn erdrücken, drängen immer wieder in meinen Kopf, so hartnäckig wie die Wellen …

Nun ist das Wort »Ich« fast weggefallen, dafür sind Sinneseindrücke, Bilder, Farben und Geräusche wiedergegeben, wie dieses Ich sie erlebt.
Wenn Sie eine Ich-Perspektive in der Vergangenheit verwenden, tritt ein späteres Ich auf, das mit Abstand, mit mehr Wissen und Verständnis auf ein früheres Ereignis zurückblickt. Nach dem Motto: »Wenn ich damals gewusst hätte, was aus der zufälligen Bekanntschaft im Zug wird, ich wäre sofort wieder ausgestiegen«. Erlebendes und erzählendes Ich fallen hier mehr oder weniger weit auseinander. Das erzählende Ich kommentiert und wertet die vergangenen Ereignisse, um sie neu einzuordnen. Dieser Gegensatz macht den Reiz, aber auch die Schwierigkeit einer solchen Perspektivenwahl aus. Der vorherige Text könnte, im Rückblick erzählt, mit Bezug zur Gegenwart etwa folgendermaßen lauten:

Der Strand erstreckte sich breit und bleich vor mir. Die bleigrauen Wellen schoben sich tückisch-sanft über den Sand wie ein trüber Schleier. Das Rauschen des Wassers schwoll an und wieder ab und der schwere, salzige Wind strich mir übers Gesicht. Die Trennung von Peter, seine heftigen Vorwürfe, ich würde ihn erdrücken, drängten sich in meinen Kopf, so hartnäckig wie die Wellen. Und noch im-

mer bin ich nicht von ihm losgekommen. Warum fällt es mir nur so schwer, ohne ihn zu leben. Der Schmerz ist fast genauso stark wie damals am Strand. Dabei liegt die Trennung doch schon so lange zurück…

Die auktoriale Perspektive

Auch wenn die Ich-Perspektive oft verwendet wird, ist sie nicht zwingend – im Gegenteil. Sie als Autor haben die Wahl. Überlegen Sie, in welcher Perspektive Ihre Erzählung am prägnantesten wirkt.

Um zu zeigen, wie eine Passage aus der auktorialen Perspektive – der Warte des allwissenden Erzählers – wirkt, hier ein Beispiel:

Immer wenn morgens der Wecker klingelte, tastete er zuerst wie blind nach dem Knopf und drückte ihn, um das penetrante Geräusch zu ersticken. Er prüfte die Zeit, drehte sich dann kurz auf den Rücken, um sich zu recken, sich für den Tag zu wappnen, und stand mit einem Ruck auf.

Der Blickwinkel des Erzählers ist allwissend, weil er die Figur und ihr tägliches Verhalten genau kennt, überblickt und zusammenfasst.

Die personale Perspektive

Die personale Perspektive ist ganz an den Blickwinkel einer Figur und damit an deren Wissens- und Empfindungshorizont gebunden. Eine Vorausdeutung in die Zukunft ist nur als Ahnung der Figur möglich. Wir sind also auch als Leser immer nur auf deren Stand. Aus dieser Perspektive würde unsere Textpassage ungefähr so klingen:

Der Wecker klingelte. Er streckte den Arm aus und schlug mit der flachen Hand auf den Knopf. Das penetrante elektronische Piepen erstarb. Ein kurzer Blick auf die Uhrzeit, halb sieben, wie immer. Er drehte sich auf den Rücken, reckte sich. Dann schlug er entschlossen die Decke zurück und stand mit einem Ruck auf.

Hier ist das Ereignis Aufstehen lediglich in seinem Ablauf geschildert und weder gebündelt noch in seiner Allgemeinheit wiedergegeben. Wir sind genau auf dem Stand der Figur und erfahren nur das, was sie gerade tut und erlebt.

Prüfen Sie, welche Perspektive am besten zu Ihrem Roman passt. Auch Ihre eigene Geschichte müssen Sie nicht automatisch in der Ich-Perspektive erzählen. Es gibt andere wirkungsvolle Möglichkeiten.

Schreiben ist Erfahrungssache

Jeder von uns kann lesen und schreiben. Sie haben außerdem besonderes Talent, mit Sprache umzugehen, und das Bedürfnis, etwas in Geschichten auszudrücken. Dieses Talent müssen Sie trainieren. Nur durch Übung, Wiederholung, Anleitung und Kritik machen Sie Fortschritte, bis hin zu einer – wie auch immer gearteten – Meisterschaft. Wir verraten Ihnen, wie Sie sich selbst fördern können.
Wichtig ist ein vorurteilsfreier, interessierter Blick auf Menschen, Geschehnisse, Beziehungen etc. Das bein-

haltet natürlich auch, dass Sie nicht nur um sich selbst kreisen sollten. Die psychologische Begabung der Empathie, des Einfühlens in die Welt und Empfindungen anderer Menschen, kann wesentlich dazu beitragen, Ihr Blickfeld zu erweitern. Vom genauen Beobachten war bereits die Rede und wir werden noch öfter darauf stoßen.

Wenn Sie Autor sind und schreiben wollen, lesen Sie sicher auch viel, oder? Sie sollten es auf jeden Fall tun, allerdings nicht, um jemanden zu kopieren (obwohl das Imitieren bestimmter Genres und Techniken ein Mittel des Lernens ist). Schauen Sie sich an, wie andere Autoren Spannung erzeugen, Texte aufbauen, welche Perspektive sie verwenden, welche Textformen sie wählen, welche Bilder sie finden, wie sie ihre Figuren zeichnen. Sie sollten versuchen, einen Text nicht nur nach Ihrer jeweiligen Vorliebe zu beurteilen, sondern nach seiner Machart. Ob Sie einen Roman wirklich gut finden, lässt sich fast immer auf die gelungene Verbindung all dieser Elemente zurückführen. Wer kennt nicht das Problem endloser Landschaftsbeschreibungen, die man dann schon mal überblättert? Das bedeutet schreibtechnisch gesehen oft, dass diese Textpassagen von der eigentlichen Handlung und den Figuren losgelöst sind. Der Leser weiß nicht so recht, warum er sie lesen soll. Ähnlich ist es übrigens mit ausführlichen Figurenbeschreibungen, die nicht in die Handlung integriert sind.

Deshalb gilt: Lesen und vergleichen Sie. Machen Sie Stilübungen und benutzen Sie Bücher über rhetorische Figuren sowie Symbolwörterbücher. Diese Hilfsmittel geben Ihnen die Möglichkeit, den eigenen Ausdruck, die Sicherheit bei Wort- und Motivwahl sowie den Einsatz von Klangmitteln zu erweitern und zu perfektionieren.

Achten Sie darauf, wie andere (berühmte) Autoren erzählen und ihre Wirkung erzielen.

Für erfolgreiches Schreiben unabdingbar sind ein klarer Plan, fundierte Recherche und genaues Beobachten im Alltag (Machen Sie sich immer Notizen, wenn Sie etwas Interessantes, zum Beispiel einen Dialog, eine Farbe oder eine Stimmung beobachten). Genauso wichtig ist aber auch eine breit gefächerte Lektüre aller Gattungen, verschiedenster Genres und Autoren. Dazu drei berühmte Beispiele:

Haben Sie schon einmal überlegt, warum Simone de Beauvoir ihre »Gebrochene Frau« als Tagebucherzählung angelegt hat? Die Ich-Erzählerin ist eine Frau Mitte vierzig, verheiratet mit einem ehrgeizigen Arzt. Sie hat zwei erwachsene Töchter, eine früh verheiratet ohne berufliche Ambitionen, die andere, ehrgeizigere, ist nach Amerika gegangen. Als die Töchter aus dem Haus sind, hat sie wieder viel Zeit und fängt an Tagebuch zu schreiben. Zu diesem Zeitpunkt erfährt sie, dass ihr Mann eine Geliebte hat. Ihr Kampf um den Mann und die Erkenntnis, dass sie sich all die Jahre in ihrem Ehe-Idyll etwas vorgemacht hat, ist Inhalt der Tagebuchgeschichte. Die Textform ermöglicht es Simone de Beauvoir, ganz aus der gegenwärtigen Sicht der Frau zu erzählen. Der Leser ist immer auf dem Stand der Entwicklung, deren Ende die Figur noch nicht kennt. Ein Ich-Rückblick wäre hier eigentlich auch möglich gewesen. Doch das hätte vorausgesetzt, dass die Hauptfigur ihre Geschichte und deren Ausgang schon kennt. Diese Tatsache hätte ein anderes Erzählen erfordert und damit eine andere Wirkung erzielt.

Das Beispiel zeigt, dass der Grundsatz »Sie sind als Autor nicht der Erzähler« trotz Ich-Perspektive tatsächlich gilt. Simone de Beauvoir war nie verheiratet und hatte auch keine Kinder. Schon gar nicht war sie Hausfrau und Ehefrau eines erfolgreichen Arztes.
Patrick Süskind hat für sein »Parfüm« eine andere, eine auktoriale, also übergeordnete Perspektive gewählt. Der Erzähler überblickt das gesamte 18. Jahrhundert. Er schildert die Geschichte des monströsen Grenouille, der den absoluten Geruchssinn hat und Parfümhersteller wird, bis ihm die Entdeckung des »perfekten« Parfüms zum Verhängnis wird.
Und wie ist es mit Stephen Kings »Sie«? Hier ist die Perspektive streng an die Hauptfigur gebunden, an den verunglückten Schriftsteller Paul Sheldon. Der wird von der psychisch kranken Krankenschwester Annie Wilkes gefunden und »gepflegt«. Alles wird ausschließlich aus Sheldons Sicht geschildert. Das erhöht die Spannung ungemein, denn er weiß nie, wie seine »Krankenschwester« reagieren wird. Er kennt ihre Gedankengänge nicht und muss erst lernen, damit umzugehen, was ihm nicht immer gelingt.
Diese kurzen Beispiele sollen Ihnen zeigen, wie die Lektüre anderer Texte einem Einblick in verschiedene Schreib- und Darstellungsarten vermitteln kann. Wichtig ist es, einen Autor oder eine Gattung neutral zu beurteilen und nicht etwa nach dem Motto »Krimis sind doch keine Literatur« abzuwerten. Schärfen Sie Ihren Blick für die Technik anderer Autoren und gehen Sie vorurteilsfrei an die Texte heran.

2. Wie ein Roman gebaut wird

Ich weiß noch nicht, wohin sich meine Geschichte entwickeln wird ... Ich lasse mich mal überraschen.

Alle wichtigen Vorüberlegungen sind abgeschlossen. Sie wissen, welche Geschichte Sie erzählen möchten. Sie haben entschieden, *wie* Sie sie erzählen wollen, aus welcher Erzählperspektive und in welchem Genre Ihre Geschichte am besten zur Geltung kommt. Auch die unverzichtbare Recherchearbeit ist beendet. Sollten während der Arbeit am Text noch Recherchelücken auftauchen, können Sie diese an Ort und Stelle füllen. Das wird Sie in der Regel nicht lange aufhalten und auch nicht aus der Konzentration beim Schreiben herausreißen. Doch bevor Sie damit beginnen, zum Beispiel einen gefühlsstarken Liebes- und Schicksalsroman zu schreiben, sollten Sie sich im Berufs- und Privatleben Ihrer Hauptfiguren möglichst gut auskennen. Zum Beispiel, wenn Sie eine beruflich erfolgreiche, aber leider an Aids erkrankte Kirchenrestauratorin entwerfen, die sich gegen ihren Willen in einen gut aussehenden katholischen Priester verliebt, der dann natürlich Probleme mit dem Zölibat bekommt.

Ein langer Weg: vom Handlungsfaden zur Szenenfolge

Doch nun genug der Vorüberlegungen. Die praktische Arbeit kann beginnen. Aber es stellen sich neue Fragen, die Ihnen signalisieren, dass die Planung noch gar nicht abgeschlossen ist:

- In welcher Reihenfolge soll ich die Geschichte erzählen?
- Wo soll ich anfangen?
- Wo platziere ich den Höhepunkt?
- Erzähle ich chronologisch? Vorwärts? Rückwärts?

Diese Fragen zielen auf einen zentralen Aspekt des Schreibens von Prosatexten jeglicher Art. Er sollte im Arbeitsplan eines jeden Autors seinen festen Platz haben: das Ordnen des Stoffes. Das heißt die Umsetzung in Szenen sowie deren Anordnung und Reihung zu einem in sich geschlossenen und logischen Ganzen. Mit Szene ist in diesem Zusammenhang jeder einzelne Handlungsabschnitt gemeint, der – egal, ob kurz oder lang – formal und inhaltlich eine Einheit bildet. Formal heißt, dass Ort, Zeit und Zahl der Figuren unverändert bleiben. Ändert sich etwas an dieser Konstellation – der Ort wechselt oder eine zentrale Figur kommt hinzu / fällt weg –, beginnt automatisch eine neue Szene. Inhaltlich muss jede Szene ihren Beitrag zur Weiterentwicklung der Handlung beziehungsweise des Konflikts leisten. Dabei ist es unerheblich, wie groß dieser Beitrag ist. Entscheidend ist, dass das Geschehen um eine Station weitergeführt wird.

Jede Szene muss ihren Beitrag zur Weiterentwicklung der Handlung beziehungsweise des Konflikts leisten. Es ist unerheblich, wie groß dieser Beitrag ist.

Das Ordnen des Stoffes in Szenen ist eine schwierige Aufgabe. Viele noch unerfahrene Autoren stehen hier vor der ersten großen Hürde, die es auf dem Weg zum fertigen Text zu überwinden gilt. Aber, keine Sorge, es gibt Hilfsmittel, die Ihnen diesen Arbeitsschritt erleichtern.

Zunächst einmal sollten Sie versuchen, sich schrittweise Ihrer Geschichte zu nähern. Tun Sie dies schriftlich: Notieren Sie zu Beginn den Handlungsfaden grob in wenigen Sätzen. Wie das geht, wollen wir an einem Beispiel ausprobieren, das uns während der Erläuterung der verschiedenen Bauprinzipien begleiten wird.

Um welche Art von Roman geht es hier? Die Handlung soll in der Gegenwart spielen und für ein breites Lesepublikum einen nachvollziehbaren Konflikt darstellen. Gegenstand ist eine schwierige Beziehungsgeschichte. Gewürzt ist sie mit allem, was man dazu braucht und was der Leser erwartet: Liebe, Trennung, Eifersucht, Drohungen, Psychoterror, kein Happyend. Die Protagonisten sind eine junge Frau, wir nennen sie Anne, und ein junger Mann, Peter. Wir haben uns entschieden, die Frau in den Mittelpunkt zu rücken, weil sie uns als Persönlichkeit attraktiver erscheint und weil wir glauben, dass ein Roman um die Nöte einer jungen Frau im Verlag besser ankommt als einer um die Nöte eines jungen Mannes. Erzählen wollen wir weder streng aus dem Blickwinkel der Frau, das wäre uns zu begrenzt, noch aus objektiver Distanz, weil dann der Abstand zur Hauptfigur unserer Meinung nach zu groß bleibt. Eine Mittelposition scheint uns die beste Lösung zu sein. So weit die Vorüberlegungen. Nun werden wir den Handlungsfaden grob in wenigen Sätzen skizzieren:

Eine junge Frau (Anne) wird von ihrem Freund (Peter) bedrängt, zu ihm zu ziehen und ihn zu heiraten. Sie lehnt ab, weil sie sich nicht binden will, er aber lässt sich nicht abweisen. Seine Vereinnahmungsversuche werden immer massiver, er bedroht sie sogar. Sie wehrt sich, dann passiert ein Unglück – er stirbt. Sie wird von Gewissensbissen geplagt und steht vor einem Scherbenhaufen.

Schon anhand dieser ersten groben Handlungsskizzierung merken Sie, wie sich inhaltliche Gewichtungen ganz automatisch herausschälen. Es zeichnet sich bereits ab, wo im Roman Kernabschnitte sein werden und wo der Höhepunkt erreicht sein wird.
Nehmen wir nun diese Grobfassung als Basis für einen zweiten Arbeitsschritt. Wir fertigen eine etwas ausführlichere Version an, die nicht nur die Kernpassagen enthält, sondern auch schon die Verbindungslinien andeutet, die sich dazwischen entwickeln werden:

Eine junge Frau (Anne) wird von ihrem langjährigen Freund (Peter) ständig bedrängt, zu ihm zu ziehen. Er würde sie gern ganz für sich gewinnen und heiraten. Anne zögert, sie mag Peter zwar, will sich aber nicht an ihn binden. Sie will auch nicht ihre Unabhängigkeit aufgeben (eigene kleine Wohnung) und vertröstet Peter ein ums andere Mal. Der lässt sich das nicht ewig gefallen und so gibt es ständig Streit. Aus seinem Werben um Anne wird allmählich Drängen, was aber nur dazu führt, dass Anne sich gefühlsmäßig immer weiter von ihm entfernt und seine Bemühungen abblockt. Irgendwann merkt sie, dass sie Peter nicht länger hinhalten kann, und ringt sich zu einer Entscheidung durch: Sie wird ihm klipp und klar sagen, dass sie mit ihm freundschaftlich verbun-

den bleiben will, mehr aber nicht. Peter reagiert wie erwartet: Er akzeptiert Annes Entscheidung nicht – im Gegenteil, sein Drängen wird immer massiver…

Hier können wir abbrechen, weil das Prinzip bereits deutlich wird. In dieser zweiten Handlungsübersicht schält sich wesentlich klarer heraus, wie die inhaltliche Gewichtung sein soll, welche Passagen im Zentrum stehen werden und welche verbindende Funktion haben.

Notieren Sie sich unterschiedlich umfangreiche Fassungen des Handlungsfadens.

Sie können natürlich, wenn Sie die planerische Basis noch sicherer gestalten möchten – oder zur Übung –, eine dritte, noch ausführlichere Handlungsauflistung anfertigen. Dieser zusätzliche Aufwand ist niemals umsonst. Unabhängig davon, wie viele Arbeitsschritte Sie einlegen, tasten Sie sich so kontinuierlich an eine vorläufige Szenenfolge heran.
Vorläufig ist sie deshalb, weil sie ausschließlich auf der chronologischen Abfolge der Ereignisse basiert, das heißt, sie reiht Wichtiges und Unwichtiges zunächst gleichberechtigt aneinander. Unsere Geschichte beginnt vielleicht mit einem Streit zwischen Anne und Peter und endet mit einer Szene, in der Anne sich nach Peters Tod allein in ihrer Wohnung aufhält. Sie versucht zu begreifen, was passiert ist, und gleichzeitig nach vorn zu schauen und einen komplett neuen Anfang zu wagen.

Beim Entwurf und bei der Ausarbeitung des Handlungsbogens sollten Sie zwei Dinge beachten: Machen Sie Ihre Geschichte nicht zu einfach, aber auch nicht zu kompliziert. Was heißt das?
Es geht um eine Beziehungsgeschichte. Die sich steigernde Krise eines Paares soll geschildert werden. Es beginnt mit einem kleinen Streit, der zwar für eine momentane Missstimmung sorgt, aber noch keine weit reichenden Folgen hat. Die Geschichte endet – auf dem Höhepunkt – mit einer massiven Auseinandersetzung, die zur Katastrophe führt.
Um eine direkte Linie vom Beginn zum Höhepunkt zu ziehen gibt es viele gestalterische Möglichkeiten. Doch reicht es aus, die Auseinandersetzungen, die sich in Ton und Aktion allmählich steigern, nacheinander in Szene zu setzen? Möchte der Leser wirklich einen Streit nach dem anderen miterleben? Würde das nicht auf Dauer langweilen und ermüden? Wäre der Handlungsverlauf dann nicht vorhersehbar?
Diese Variante des Handlungsbogens ist zu einfach, zu linear, und – was vielleicht noch wichtiger ist – unrealistisch.
Die beiden Helden Anne und Peter sollen keinesfalls Kunstfiguren, sondern realistisch dargestellte, moderne Menschen mit nachvollziehbaren Problemen sein. Realistisch und nachvollziehbar heißt in diesem Zusammenhang aber auch, dass beide ein komplettes Leben führen. Sie gehen zur Arbeit, haben ihre Hobbys und verbringen ihren Alltag mit unspektakulären Dingen und Tätigkeiten. Genau dieser Aspekt des Alltags darf im Roman nicht fehlen. Schließlich bildet er den Nährboden für den Konflikt, der sich Schritt für Schritt ausweitet und zur finalen Katastrophe führt. Das bedeutet, wir müssen ihn in unsere Planung einbeziehen.

Der Alltag soll also Teil des Romans werden. Um das zu erreichen, müssen wir gezielt vorgehen. Warum?
Alle Alltagsaspekte müssen so gewählt sein, dass sie zum Kern der Geschichte, dem Beziehungsdrama, beitragen, indem sie dieses befördern. Das bedeutet, wir müssen Handlungsfäden spinnen. Dazu einige Beispiele:

- Anne könnte eine Freundin haben, der sie vollstes Vertrauen schenkt, deren Rat ihr wichtig ist. Diese Freundin könnte zum Streitobjekt werden, weil Peter sie nicht mag. Er glaubt, sie stehe zwischen ihm und Anne.
- Annes Beruf kann wichtige Aspekte für die Geschichte beinhalten. Sie könnte Verlagslektorin für anspruchsvolle Literatur sein. Gerade als sich die Streitwogen ein wenig geglättet haben, muss sie zu einer wichtigen Buchmesse fahren, sodass Peters Bemühungen unterbrochen werden.
- Anne könnte einen neuen Arbeitskollegen bekommen, den sie sympathisch findet, mit dem sie aber keinen privaten Kontakt möchte. Peter interpretiert das falsch und wird eifersüchtig.
- Anne könnte innerhalb ihrer Arbeit ein Romanmanuskript bearbeiten, in dem es um den Zerfall einer Beziehung geht. Das würde sich zur Spiegelung der privaten Situation sehr gut eignen.
- Anne könnte zusätzlich eingespannt sein, weil sie sich um ihre kranke Mutter kümmern muss. Die kennt die genauen Beziehungsumstände nicht und ist der Meinung, dass Anne längst verheiratet und versorgt sein sollte. Sie ist für Peter eingenommen und versteht nicht, warum Anne sich nicht endlich an ihn bindet.

- Peter könnte, um zu beweisen, wie sehr er sich um Anne bemüht, mehr Interesse an ihrem Beruf zeigen. Obwohl er nur Sciencefictionkrimis mag, versucht er, einen anspruchsvollen Roman zu lesen. Anne belächelt ihn aber nur mitleidig.
- Peter könnte in seinem handwerklichen Beruf aufgehen, wofür Anne wenig Verständnis hat.

Nicht vergessen: Es sollte auf jeden Fall eine ganze Reihe von Gemeinsamkeiten zwischen Anne und Peter geben oder gegeben haben. Schließlich hatten sie früher harmonische Zeiten zusammen.

Das Genannte zeigt nur eine kleine Auswahl. Alle aufgelisteten Aspekte sind durchaus dazu geeignet, die Handlung zu bereichern, weil sie den Konflikt steuern und vorantreiben.

Was wir allerdings nicht brauchen, sind zusätzliche Handlungsaspekte, die den Konflikt nicht weiterbringen, sondern ihn stattdessen verwässern und den Blick des Lesers ablenken. Das gilt vor allem für Handlungsfäden, die an Figuren gebunden sind, die nur mitlaufen und den Roman füllen, aber nicht bereichern. Eine Arbeitskollegin von Anne beispielsweise, die ständig gegen überzählige Pfunde kämpft und mit ihren Abmagerungsaktionen ganze Szenen füllt. Oder Annes Vermieterin, die eine Mieterhöhung ankündigt und seitenlang über gestiegene Kosten lamentiert. Gerade unerfahrene Autoren neigen dazu, solchen Nebenfiguren zu viel Raum zu geben. Sie zeichnen sie charakterlich und erscheinungsmäßig übergenau, fast übertrieben, während sie die Hauptfiguren darüber vernachlässigen. Argumente wie »Ich wollte die Geschichte einfach ein bisschen auflockern« oder »Mir gefällt die Szene aber so gut« zählen in diesem Zusammenhang nicht.

Hier gilt es, Maß zu halten. Behalten Sie bei der Ausarbeitung des Handlungsbogens grundsätzlich die Kerngeschichte im Blick.

Bereichern Sie Ihre Geschichte gezielt, aber maßvoll durch Nebenhandlungen, doch immer so, dass der Grundkonflikt im Zentrum steht.

Wenn Sie ein Handlungsgeflecht unter diesen Gesichtspunkten entwerfen, wird sich Ihre Aufmerksamkeit irgendwann automatisch auf die wichtigste Szene richten: den Höhepunkt. Es gibt ein paar grundsätzliche Überlegungen, die Sie in die Planung einbeziehen sollten.

Denken Sie zum Beispiel daran, dass die Szene eine eigene Handlungsentwicklung beinhalten sollte. Das Geschehen muss sich Schritt für Schritt zuspitzen. Wir haben ja geplant, dass Peter durch einen Unglücksfall, an dem Anne nicht unschuldig ist, zu Tode kommt. Das bedeutet für die Handlungsplanung, dass es einen Geschehensvorlauf geben muss, bevor das tragische Ereignis eintritt. Sie können sich zum Beispiel eine Situation einfallen lassen, die keinerlei Hinweis auf das Höhepunktgeschehen enthält. Anne und Peter haben Frieden geschlossen, beide sehen ein, dass sie so nicht weiterleben können. Sie wollen eine Auszeit nehmen, um Abstand zu gewinnen. Dieser Entschluss soll mit einem harmonischen Abend gefeiert werden. Auf diese Weise kommt der Unfall unvorbereitet, überraschend und das ist natürlich sehr effektvoll.

Beachten Sie aber auch, dass Ihre Helden, wenn es zur Höhepunktszene kommt, bereits komplett dargestellt sein müssen. Alle Eigenschaften, sowohl Aussehen als auch Charakter, sollten bekannt sein. Sie haben sie bereits im Vorfeld szenisch belegt und bebildert. Alles, was jetzt noch fehlt, kann nicht mehr berücksichtigt, sprich dargestellt werden. Tut sich hier eine Lücke auf, weil Ihnen ein wichtiger zusätzlicher Aspekt vielleicht erst jetzt eingefallen ist, dann muss diese geschlossen werden. Sie kommen nicht drum herum, an den vorangegangenen Szenen nachzuarbeiten, bis sich ein stimmiger Handlungsbogen entwickelt.

Sie wollen, dass Anne, um die Situation noch komplizierter zu machen, schwanger ist. Dieses Wissen trägt sie bereits einige Zeit mit sich herum und weiß nicht, was sie machen soll. Dieses Problem kann nicht zum ersten Mal in der Höhepunktszene auftauchen. Es muss als Motiv bis zum entscheidenden Moment mitgeführt werden.

Unabhängig davon, dass die Figuren fertig sein müssen, wenn der Höhepunkt erreicht wird, sollte es Ihnen auch gelingen, Freiraum für einen neuen und überraschenden Aspekt zu lassen. Wichtig ist dabei allerdings, dass der Aspekt – so neu er im ersten Augenblick vielleicht wirkt – zur Person passt. Er muss nachvollziehbar sein und sich in das Gesamtkonzept Ihrer Figur einfügen.

Dazu ein Beispiel: Anne wird als Person geschildert, die die Lösung ihres Beziehungsproblems immer vor sich hergeschoben und nie wirklich Konsequenzen gezogen hat. Jetzt endlich, in der entscheidenden Szene, ringt sie sich zu einem Entschluss durch – sie könnte zum Beispiel wegziehen. Doch das hat schreckliche Folgen: Peter stirbt durch einen Unglücksfall und Anne fühlt sich schuldig. Diese Entwicklung würde zu ihr passen, sie würde sich in Annes Charakterprofil einfügen.

Die Figurenzeichnung muss abgeschlossen sein, wenn der Handlungshöhepunkt erreicht ist.

Aber Achtung: Greifen Sie nicht – der Wirkung wegen – zu Übertreibungen. Anne wird Peter nicht mit dem Revolver bedrohen, das passt nicht zu ihr. Der Leser würde sofort merken, dass das Figurenverhalten »gebogen« wurde, um einen Effekt zu erzielen.

Was zwischen Anfangs- und Schlussszene passiert, müssen Sie in einer Szenenreihenfolge anordnen. Sie legen darin Ihre inhaltlichen Schwerpunkte ebenso fest wie Ihre Vorstellungen vom Charakter der Darstellungsweise. Sie entscheiden, ob das Schwergewicht beispielsweise auf Spannung und Action liegen oder ob es mehr um die Beschreibung innerer Vorgänge gehen soll.

Um das zu erreichen, werden Sie die bislang noch lose und ungegliederte Handlungsübersicht verändern müssen. Streichen oder verknappen Sie Unwichtiges, schaffen Sie Kernszenen, verändern Sie die Reihenfolge des Geschehens usw.

Für diesen Arbeitsschritt stehen Ihnen grundlegende kompositorische Hilfsmittel zur Verfügung, die Sie bei der Akzentuierung des Stoffes unterstützen. Wir werden sie an dieser Stelle zunächst nur kurz auflisten und später ausführlich behandeln sowie anhand von Beispielen erläutern:

- Auslassung
- Raffung
- Dehnung
- Vorausblick
- Rückblick

Machen wir uns nun daran, Ordnung in die bislang noch lockere Szenenfolge zu bringen. Am sinnvollsten ist es, damit am Romananfang anzufangen.

Auf den Anfang kommt es an

Durch die immer ausführlicher und detaillierter werdende Beschreibung der Handlungskette unseres Romans hat sich Schritt für Schritt eine chronologische Szenenfolge herausgebildet. Sie wird kurze, momenthafte Abschnitte enthalten, aber auch lange und ausführliche. Es wird ruhige und actionreiche Passagen sowie untergeordnete und zentrale Szenen geben. Im Vordergrund stehen die so genannten Schlüsselszenen. Diese beanspruchen Ihre besondere Aufmerksamkeit und planerischen Einsatz. Von ihnen lebt jeder Roman – sie sind gewissermaßen das Rückgrat der Handlungsfolge. In ihnen werden wichtige Weichen für das weitere Geschehen gestellt.
Zu den Schlüsselszenen gehört neben dem Höhepunkt, auf den das Geschehen Schritt für Schritt zusteuert, auch der Romanbeginn. Das ist sowohl unabhängig von der Geschichte, die erzählt werden soll, als auch vom Genre. Ein historischer Roman benötigt ebenso wie ein Kriminalroman einen Einstieg, der vor allem eines leisten muss: das Interesse des Lesers zu wecken.
Ein optimaler Einstieg in den Handlungsbogen ist aber nicht nur für den erwartungsvollen Buchkäufer von entscheidender Bedeutung. Wenn Sie als neuer, noch unbekannter Autor mit ihrem Erstling den Buchmarkt erobern wollen, müssen Sie zuallererst die Verlagslektoren begeistern. Sie sind Ihre ersten Leser und auch

diejenigen, die sich für das Erstlingsprojekt erwärmen und es gegen große Konkurrenz durchsetzen sollen.
Es geht also zunächst um den ersten Lektüreeindruck. Der muss rundweg positiv sein, und zwar so positiv, dass der Leser motiviert wird weiterzulesen.
Wie schafft man das? Auf einen einfachen Nenner gebracht: Es muss Ihnen gelingen, Spannung zu erzeugen. Das hat aber nichts mit Krimispannung zu tun. Es muss nicht gleich auf den ersten Seiten eine Leiche geben. Spannung ist in diesem Zusammenhang als übergeordnetes Kriterium zu verstehen, als das Mittel, beim Leser gezielt Erwartungen zu wecken und seine Fantasie anzuregen. Auch die einleitende Beschreibung einer Winterlandschaft kann – wenn sie gut gemacht ist – spannend wirken und beim Leser den Wunsch auslösen, weiterzulesen.

Wecken Sie mit dem Romanbeginn gezielt die Neugier des Lesers. Regen Sie seine Fantasie an.

Schauen wir uns das Beispiel eines Romananfangs an. Wir konzentrieren uns dabei auf unser Romanprojekt mit Anne und Peter und deren schwierige Beziehungsgeschichte, die ja in eine Katastrophe münden soll:

An diesem Tag – es war ein wunderschöner warmer, klarer Samstag im Spätherbst – dachte Anne gar nicht daran, sich irgendwelchem Stress auszusetzen. Ganz im Gegenteil, sie wollte zusammen mit ihrem Freund Peter den Tag gemütlich angehen lassen, in Ruhe die notwendigen Dinge erledigen, vielleicht einen Ausflug mit dem Fahrrad

durch die bunte Natur unternehmen. Es war nichts geplant und Überstunden im Büro standen Gott sei Dank auch nicht an. Der Tag lag noch vor ihnen wie ein weißes Blatt Papier, das beschrieben werden wollte.
Anne lebte allein in einer kleinen Wohnung, doch anders als Peter nicht am Stadtrand, sondern in der Innenstadt. Sie mochte die Stadt und genoss es, ein Teil von ihr zu sein, der lebendige Teil eines lebendigen Ganzen. Sie hatte keinen Garten, aber einen kleinen Balkon, dessen Pflanzen sie liebevoll pflegte. Sie wohnte in einem Wohnblock mit zwölf Parteien, in dem sich jeder um jeden kümmerte, doch eher in neugieriger als hilfsbereiter Weise. Peter hatte sie schon oft gefragt, ob sie nicht zu ihm an den Stadtrand ziehen wolle. Er bewohnte eine große Dreizimmerwohnung im Parterre einer Doppelhaushälfte am Stadtrand, die von einem großen verwilderten Garten umgeben war. Im Obergeschoss wohnte niemand, es war nie ausgebaut worden. Der Dachstuhl war schlecht verarbeitet und durch seine Ziegel sah man hier und da den Himmel. Das Haus war alt und schwer zu heizen, und im Winter schlief Peter oft unter zwei Federbetten, so kalt war es in den Zimmern. Es war sein Haus, auch wenn es ihm nicht gehörte. Er liebte seine Burg und wenn nicht jemand vor Urzeiten den Spruch »My home is my castle« geprägt hätte, Peter wäre bestimmt darauf gekommen.
Anne hatte Peters Angebote stets abgelehnt und ihn auf später vertröstet. Sie war attraktiv und nicht dumm, und an männlichen Bekanntschaften hatte es ihr nie gemangelt. Längst nicht immer

war sie mit einer Wärmflasche ins Bett gegangen, aber zu mehr als einem Kaffee am nächsten Morgen hatte es nie gereicht. Peter war seit langer Zeit der Erste, dem sie mehr schenkte als Freundschaft und gelegentlich mal einen Kuss.
Es war später Vormittag und Anne war gerade aufgestanden. Peter und sie hatten am Vorabend lange geredet …

Wie liest sich dieser Romananfang? Ziemlich langweilig und langatmig, nicht wahr? Der Leser bleibt auf Distanz, Interesse an den beiden Figuren wird nicht geweckt. Man verspürt wenig Lust, weiterzulesen.
Woran liegt das? Auffällig ist, dass am Beginn keine Szene steht, also keine wie auch immer geartete Handlung. Vielmehr liest er sich wie eine einleitende Informationspassage über die beiden Hauptfiguren. Man erfährt etwas über ihre Lebensumstände und wird mit Daten über Ereignisse gefüttert, die vielleicht später einmal wichtig werden könnten, der Wohnungswechsel beispielsweise. Dazwischen liest man Angaben über Nachbarn und den Dachstuhl, die mit Sicherheit unwichtig sind und nur unnötiges Füllmaterial bilden. Das alles ist in Form einer Aufzählung aneinander gereiht. Die einleitende formelhafte Zeitangabe besitzt keinen Aussagewert und ist deshalb überflüssig. Der Abstand zur Hauptfigur Anne ist viel größer als durch die gewählte Erzählperspektive geplant, und die Passage klingt wie eine objektive, distanzierte Regieanweisung. Es entsteht unweigerlich der Eindruck, der Roman habe noch gar nicht begonnen.
Grundsätzlich gilt: Vermeiden Sie reine Informationspassagen, und zwar unabhängig davon, welche Erzählperspektive Sie gewählt haben. Sie haben nirgendwo

im Roman etwas zu suchen. Sie unterbrechen als unszenische Beschreibungen den Handlungsfortgang oder – wie in unserem Fall am Romananfang – lassen das Geschehen erst gar nicht in Gang kommen.

Vermeiden Sie besonders am Romanbeginn lange Informationspassagen, die das Geschehen erst gar nicht in Gang kommen lassen.

Zwischen den vielen Informationsschnipseln unseres Anfangs ist keinerlei Hinweis auf den Fortgang der Geschichte untergebracht. Weder versteckt oder angedeutet lässt sich erkennen, worum es geht oder worin der Grundkonflikt überhaupt bestehen könnte. Er wirkt derart beliebig, dass er sowohl ein – zugegeben ziemlich misslungener – Einstieg in einen Kriminalroman als auch in eine Beziehungsgeschichte der leicht-lockeren Art sein könnte.

In gewisser Weise ist er aber typisch, spiegelt er doch die Grundauffassung vieler Autoren wider, wonach der Leser am Anfang der Handlung einige Informationen über die Figuren bekommen muss. Er soll in die Geschichte eingeführt werden und die Ausgangssituation überblicken können. Dem kann man nur entgegensetzen: Unterschätzen Sie den Leser nicht. Denn er ist durchaus in der Lage, sich ein Bild von der Ausgangssituation zu machen, auch wenn ihm die Informationen nicht auf dem Silbertablett präsentiert werden. Mit dieser Vorgehensweise laufen Sie viel eher Gefahr, dem Leser zu viel Information zuzumuten. Das hat fatale Folgen. Man weiß zu Beginn schon viel zu viel über die Figuren und ihre Beziehung zueinander. Der Auftakt verliert möglicherweise an Spannung, die Helden werden vorhersehbar und Langeweile macht sich breit. Denken Sie daran: Sie haben Zeit und Raum genug, um Ihre Figuren und Konfliktsituationen zu entwickeln. Es muss nicht alles in der ersten Szene untergebracht werden. Gehen Sie Schritt für Schritt vor – auf diese Weise behält die Geschichte ihr Geheimnis. Denn gerade auf der allmählichen Entschlüsselung dieses Geheimnisses beruht ja ein Großteil des Lesevergnügens. Betrachten wir eine andere Variante:

Anne stand am Fenster und schaute in den herbstlichen Morgen hinaus. Die Sonne warf ihr helles Licht auf die Dächer der Häuser und ließ das Rot der Ziegel warm aufleuchten. Eigentlich das richtige Wetter für einen Ausflug, dachte sie, und Peter hatte sicher schon irgendwelche Pläne gemacht, wie sie den Tag gemeinsam verbringen könnten.

Sie schaute auf die Uhr. Fast neun. Gleich würde er sie abholen. Gestern Abend hatte er am Telefon erst dann Ruhe gegeben, als sie eingewilligt hatte, den heutigen Tag mit ihm zu verbringen. Eigentlich sollte sie sich freuen, doch immer wenn sie an die kommenden Stunden dachte, überkam sie ein Frösteln.

Wie gern würde sie heute zu Hause bleiben, sich in ihren zwei kleinen Zimmern vergraben, Musik hören, vielleicht ein bisschen aufräumen. Sie liebte ihre kleine Wohnung unter dem Dach eines alten Fachwerkhauses. Sie hatte nur einen Nachteil: Sie bot zu wenig Platz, und wenn sie nicht endlich für Ordnung sorgte, würde sie sich von einigen ihrer geliebten Bücher trennen müssen. Peter hatte sie schon mehrmals gefragt, ob sie nicht zu ihm an den Stadtrand ziehen wolle, in seine »grüne Oase«, wie er immer wieder betonte. Er habe Platz für zwei, und sie könne endlich ihre Bücherkisten, die in ihrem Keller allmählich feucht wurden, ausräumen und sich eine kleine Bibliothek einrichten. Ein verlockender Gedanke. Trotzdem hatte sie bislang immer abgelehnt, weniger der Wohnung wegen, zu der ein wunderschöner verwilderter Garten gehörte, vielmehr schreckte sie Peters Nähe, die sie in letzter Zeit immer seltener genießen konnte. Warum drängte er nur so?

Bestimmt würde er heute wieder fragen, und sie würde ihn – wie all die Male zuvor – wieder auf später vertrösten. Aber so konnte es nicht weitergehen. Nein, heute würde sie die Gelegenheit nutzen, um mit ihm zu sprechen, sie würde ihm zu erklären versuchen, dass sie Abstand brauchte, dass er sie nicht weiter drängen sollte. Es wäre umsonst.

Es klingelte und sie zuckte zusammen. Sie atmete tief durch und wandte sich vom Fenster ab. Im Flur nahm sie ihre Jacke vom Haken und zog sie über. In diesem Augenblick klingelte es zum zweiten Mal. »Ich komm ja schon«, murmelte sie. Wenn der Tag doch nur schon vorbei wäre …

Was hat sich im Vergleich zur ersten Variante geändert? Auch in dieser Passage sind einige Informationen über die beiden Hauptfiguren enthalten, etwa die Wohnsituation und der geplante Ausflug ins Grüne. Doch der Einstieg wirkt nicht mehr wie eine vorange-

stellte Regieanweisung, sondern wie ein – wenn auch verhaltener – Start in eine Handlungsfolge. Woran liegt das?
Auffällig ist vor allem, dass beide Figuren in eine Beziehung zueinander gebracht werden. Es heißt nicht einfach nur, da gibt es eine junge Frau, Anne, und einen jungen Mann, Peter, die gemeinsam etwas Nettes unternehmen wollen, weil das Wetter schön ist. Vielmehr weist der geplante Ausflug darauf hin, wie die beiden Personen zueinander stehen. Da scheint es, zumindest aus der Sicht der Frau, einige Probleme zu geben. Von Harmonie ist keine Rede. Im Gegenteil, die Entwicklung dürfte auf einen Konflikt zusteuern. Die Eingangsszene enthält also deutliche Hinweise darauf, wie die Geschichte sich entwickeln könnte. Das verleiht ihr die eingangs erwähnte Spannung. Figuren und Handlung behalten ihr Geheimnis, und automatisch tauchen Fragen auf: Wird Anne diesmal mit Peter sprechen? Wird es zu einer Auseinandersetzung kommen? Wenn ja, wie könnte die aussehen? Wenn nicht, wird Peter spüren, dass mit Anne etwas nicht in Ordnung ist?
Stellt sich der Leser diese und ähnliche Fragen, haben Sie ihn schon fast auf Ihrer Seite. Sein Interesse ist geweckt, und der Sog, der ihn zum Weiterlesen zwingt, spürbar. Jetzt kommt es darauf an, dem gut gesetzten Anfangseffekt weitere Szenen folgen zu lassen, die die Entwicklung zwischen den beiden Hauptfiguren Schritt für Schritt bebildern. Doch dazu später mehr.
Beide Einstiegsvarianten machen deutlich: Es ist wichtig, einen spannenden, über den Start hinausweisenden Romaneinstieg zu gestalten und den Auftakt einer Handlungsfolge zeitlich genau zu fixieren. Was heißt das?

Der Romaneinstieg muss grundsätzlich einen entscheidenden, wegweisenden Punkt am Beginn einer Handlungsfolge markieren. Das haben wir schon am Beispiel des Lottogewinners im ersten Kapitel gesehen. Nur so kann sich der im Mittelpunkt stehende Konflikt Schritt für Schritt entwickeln. Beginnt der Roman zu früh, läuft die erste Szene ins Leere, weil sich keine inhaltlichen Verknüpfungen zur Geschichte ergeben. Beginnt er zu spät, fehlt möglicherweise ein entscheidendes Teilstück für das Verständnis der Konfliktentfaltung.

Jeder Romaneinstieg muss punktgenau sein. Der Handlungsbeginn darf weder zu früh noch zu spät erfolgen.

Die erstgenannte Variante ist ein gutes Beispiel für einen zu früh gesetzten Romaneinstieg. Stellen wir uns den weiteren Verlauf der Szene vor: Das junge Paar wird einen Ausflug ins Grüne unternehmen, das schöne herbstliche Wetter genießen, von einer erfüllten gemeinsamen Zukunft träumen und den Tag harmonisch beschließen.
Nichtssagend, nicht wahr? Eigentlich nicht der Beschreibung wert. Es gibt nichts Überflüssigeres und Langweiligeres als die Schilderung einer Heile-Welt-Szenerie, die keinerlei – nicht einmal verdeckte – Hinweise auf den späteren Konflikt enthält. In den friedlichen Beginn Brüche einzubauen, etwa einen Streit zwischen Anne und Peter, wäre in dieser szenischen Umgebung vollkommen unmotiviert und nicht überzeugend.

Stellen wir uns jetzt eine dritte Variante vor. Diesmal setzt der Romanbeginn später ein:

Das Wochenende war vorüber. Anne saß an ihrem Schreibtisch und schob mechanisch irgendwelche Akten von links nach rechts. Sie konnte sich einfach nicht konzentrieren. Immer wieder drängte sich der gestrige Tag in ihre Gedanken. Peter hatte ihr, während sie die lange Pappelallee am Kanal entlangspaziert waren, wieder einmal die entscheidende Frage gestellt, ob sie nicht endlich zu ihm in seine geräumige Wohnung am Stadtrand ziehen wolle, und diesmal hatte sie sich ein Herz gefasst und nicht, wie die vielen Male zuvor, ausweichend reagiert und ihn auf später vertröstet. Sie hatte versucht, ihm zu erklären, warum sie in ihrer kleinen Dachwohnung bleiben wollte, warum sie ihre Unabhängigkeit brauchte, aber Peter hatte sie nicht verstanden und so war es zu dem hässlichen Streit gekommen, der ihr seit gestern nicht mehr aus dem Kopf ging und ihr eine schlaflose Nacht beschert hatte. Was sollte sie nur tun?

Seufzend nahm sie einen Ordner und legte ihn vor sich auf die Arbeitsplatte. Wenn nur der Tag doch schon vorbei wäre!…

Was ist hier passiert? Der einleitende Konflikt – der Streit zwischen Anne und Peter – hat bereits stattgefunden. Er taucht nun indirekt in Annes Gedanken auf und wird lediglich kurz erwähnt. Auf diese Weise ist der inhaltliche Schwerpunkt der Eingangsszene verschoben: weg von dem eigentlich wichtigen Ereignis, dem Streit, hin zu der Reaktion einer beteiligten Per-

son, die sich kurz daran erinnert und gegen eine schlechte Stimmung ankämpft. Der eigentliche Handlungskern der Szene wird automatisch an den Rand gedrängt und zur Nebensache degradiert.
Grundsätzlich gilt: Innerhalb jeder Szene – auch am Romanbeginn – sollte der zentrale inhaltliche Aspekt im Mittelpunkt stehen und die ausführlichste Schilderung für sich beanspruchen.

Die wichtigen Handlungselemente gehören ins Zentrum jeder Szene, die unwichtigen an den Rand – nicht umgekehrt.

Denken Sie in diesem Zusammenhang daran, dass Sie, wenn Sie eine Szene aus der Handlungschronologie herausnehmen und in einen Rückblick verlegen, die Gewichtungen verschieben. Durch ein derartiges Aufbrechen der Chronologie signalisieren Sie automatisch, dass die betreffende Szene weniger wichtig ist und kein zentrales Geschehen enthält. Prüfen Sie jede Szene daraufhin. Gehen Sie nach der Maxime vor: Jeder zentrale Aspekt des Geschehens und jeder entscheidende Handlungsschritt, der den Konflikt weiterträgt, benötigt eine aktive Szene und sollte nicht irgendwohin verschoben werden. Denn das führt schnell zu falschen Gewichtungen innerhalb des Handlungsbogens.

Ausflüge in fremde Welten

Die Frage des richtigen Starts in die Darstellung eines Konflikts stellt sich in besonderem Maße für Autoren, die der Darstellung bekannter Alltagsgegenwart den Rücken kehren und sich fremden Welten und Zeiten zuwenden. Dies gilt sowohl für die historische Vergangenheit als auch für mythische und mystische Gefilde oder Zukunftsvisionen. Also für alle Autoren von historischen, Fantasy- und Science-Fiction-Romanen.

Sie müssen ein zusätzliches Gestaltungsproblem lösen, das Autoren zeitgenössischer Romane nicht haben. Wie mache ich den Leser mit der fremden Welt, in der meine Geschichte spielen soll, bekannt und vertraut? Ich muss ihm ja gerade erklären, wie diese Welt funktioniert, sonst wird er die Geschichte nicht verstehen. Und was liegt näher, als diese Pflicht gleich zu Beginn zu erfüllen, bevor die Handlung einsetzt, quasi als Einstimmung? Schauen wir uns auch hierzu ein kleines Beispiel an.

Sie planen die literarische Verarbeitung eines historischen Themas, das nicht gerade im Blickfeld der breiten Lesermasse liegt, aber deswegen vielleicht besonders reizvoll erscheint. Es geht um eine spannende Episode aus den Hussitenkriegen im Mitteleuropa des 15. Jahrhunderts. Im Rahmen Ihrer Recherchen haben Sie sich über den Zeithintergrund kundig gemacht und sind auf die hochinteressante Figur des Reformators Johannes Hus gestoßen. Dessen gewaltsamer Tod war der Auslöser der kriegerischen Auseinandersetzungen, aus denen Sie eine Episode erzählen möchten. Um nun die historischen Zusammenhänge begreifbar zu machen, müsste wohl auch etwas über die Figur des Reformators in den Roman einfließen. Denn beides – die Person Hus sowie die Entstehung und den Verlauf der Kriege – können Sie nicht als bekannt voraussetzen. Wäre die folgende Variante eines Romanbeginns eine Lösung?

Frühjahr 1415. Noch immer tagt das Konzil zu Konstanz. Dem böhmischen Magister Johannes Hus wird dieses Konzil zum Verhängnis werden. Hus, Priester und zeitweilig Rektor der Karlsuniversität zu Prag, hat sich durch seine wortgewaltigen Predigten gegen Macht, Luxus und Pomp, in denen der hohe Klerus schwelgt, mächtige Feinde geschaffen. Das Volk steht auf seiner Seite, die Bauern ebenso wie die Kleinbürger und der niedere Klerus. Selbst der Herrenstand schließt sich ihm nach anfänglichem Zögern an.

Die Wende für Hus kommt mit dem Aufruf des Papstes Johannes zum Kreuzzug gegen den König von Neapel. Der Papst verspricht all denen, die bereit sind, für den Kreuzzug zu spenden, den Ablass von allen irdischen Sünden. Grund genug für Hus, voller Leidenschaft gegen solche Praktiken zu wettern.

Die Folgen sind Krawalle, Aufruhr und Proteste. Die katholische Kirche schlägt zurück mit ihrer größten Waffe, dem schweren Bann, der Hus mit all seinen Auswirkungen trifft. Er gilt von nun an als Ausgestoßener, als ein Ketzer, mit dem niemand mehr verkehren darf.

Hus verlässt Prag und geht in die Provinz. Das einfache Volk strömt ihm zu und lauscht seinen Predigten. »Böhmerland – Ketzerland« hallt es durch das ganze Reich. Der Ruf dringt auch an das Ohr König Sigismunds. Als künftiger Erbe des Königreichs Böhmen hat er keinerlei Interesse an querdenkenden Untertanen und so ist er zum Handeln gezwungen.

Mit einem Geleitbrief im Namen Sigismunds macht sich Hus auf den Weg nach Konstanz, um

auf dem dortigen Konzil seine Sache zu vertreten. Doch kaum ist er in Konstanz angekommen, wirft man ihn in den Kerker.
Ein Schauprozess beginnt: fingierte Akten, falsche Zeugen, bestochene Richter. Hus steht, gepeinigt durch die Kerkerhaft, auf verlorenem Posten. Am 6. Juli 1415 sprechen seine Richter das Urteil über ihn: Er ist schuldig der Ketzerei. Noch am Tag der Urteilsverkündung stirbt Hus auf dem Scheiterhaufen, seine Überreste werden in den Rhein gekippt. Dem Brand des Scheiterhaufens wird aber ein noch größerer Brand folgen: die Kriege der Hussiten …

Damit hätten Sie den Übergang zur eigentlichen Thematik geschaffen. Doch klingt dieser Textabschnitt nicht ein bisschen nach Nachhilfeunterricht und Geschichtsbuch? Zugegeben: Das Erzählte ist historisch interessant, nur – es hat in einer literarischen Verarbeitung eigentlich nichts zu suchen.
Denken Sie immer daran: Auch ein historischer Roman erzählt zunächst einmal eine Geschichte. Dieser Aspekt sollte grundsätzlich im Vordergrund stehen. Auch wenn die Versuchung groß sein mag: Sie schreiben Ihre Geschichte nicht, um den Leser zu belehren.

Historische Romane sind grundsätzlich keine Geschichtsbücher, die Wissenslücken auf Seiten des Lesers füllen sollen.

Als Autor sollen Sie eine Geschichte erzählen, nicht weniger, aber auch nicht mehr. Ihre Aufgabe ist es, den Leser in eine fremde Welt zu führen, sie bunt, lebendig

und damit nachvollziehbar zu machen. Ihre Geschichte ist das Medium, um bestimmte – auf die heutige Zeit übertragbare – menschliche Grunderfahrungen in einem genau recherchierten historischen Kontext darzustellen. Bekommt der Leser dabei einige Informationen über die Zeit und die historischen Konflikte mit, ist das ein schöner Nebeneffekt – mehr aber auch nicht.
Der zitierte Textausschnitt wird den Anforderungen, ein historisches Ereignis romanhaft zu erzählen, nicht gerecht. Der Leser wird wahrscheinlich entsprechend reagieren und nicht weiterlesen. So kann ihn die sich anschließende, vielleicht sehr spannende Geschichte nicht erreichen.
Ähnliches gilt für die Darstellung mythischer Welten und Zukunftsvisionen. Hier kommt allerdings erschwerend hinzu, dass Sie für die Welt, die Sie erschaffen wollen, nicht auf die Hilfe von Nachschlagewerken zurückgreifen können. Bei der Erarbeitung eines historischen Themas können Sie entsprechendes Fakten- und Datenmaterial verwenden. Bei der Gestaltung mythischer Urwelten oder ferner Zukunftsvisionen sind Sie vor allem auf Ihre Fantasie angewiesen. Allein mit deren Hilfe müssen Sie ein in sich logisches Zeitgebäude aufbauen. Doch Achtung: Lassen Sie Ihrer Fantasie nicht einfach freien Lauf! Das wäre eine Herangehensweise, die unweigerlich in gestalterisches Chaos führen würde.

Fantasy- oder Science-Fiction-Romane sollten nie Produkte ungezügelter Fantasie sein.

Kanalisieren Sie Ihre Einfälle und sorgen Sie dafür, dass die Zeitgebäude, die Sie entwerfen, bei aller Fremdheit nachvollziehbar und in sich logisch bleiben. Es ist fraglich, ob es den Leser überzeugt, wenn Sie in Ihrem Science-Fiction-Projekt sämtliche physikalischen Gesetzmäßigkeiten außer Kraft setzen. Es ist auch fraglich, ob das überhaupt notwendig ist. Denn niemand wird Ihnen in eine Fantasiewelt folgen, die ihm verschlossen bleibt, weil sie viel zu kompliziert, ungenau oder austauschbar wirkt:

OBOX ist eine gigantische Konstruktion aus Stahl und Glas, die frei inmitten des Universums schwebt. Sie ist bekannt als das schmutzigste und kriminellste Pflaster im gesamten Weltall. Schon beim Anflug wird man sich dessen bewusst, wenn man auf unzählige frei schwebende Leichen trifft. Auf OBOX sterben täglich bis zu tausend Lebewesen. Aufgrund mangelnder Bestattungsmöglichkeiten werden sie einfach nur durch Luken in den Weltraum hinausbefördert. Beim Anflug auf OBOX müssen sich anreisende Besucher sehr in Acht nehmen, weil es häufiger vorkommt, dass ein nagelneuer Raumgleiter durch die Kollision mit einer Leiche eine hässliche Delle bekommt…

Dieser Einstieg wirkt wenig anschaulich und austauschbar, nicht wahr? Die Beschreibung setzt auf inhaltliche Effekte, die im Leser aber nichts auslösen. Dabei bleibt sie vage und könnte endlos fortgesetzt werden, ohne dass ein wirkliches, nachvollziehbares Bild des fremden Weltalls entstünde. Dieser Anfang reizt nicht zum Weiterlesen.
Aber wie schafft man es, dem Leser die fremde Welt näher zu bringen, ohne sie zu Beginn in aller Ausführlichkeit zu erklären? Durch einen einfachen gestalte-

rischen Kniff: Erschaffen Sie einen Helden. Der wird – aus welchen Gründen auch immer – in diese ihm fremde Welt hineingestellt. Vielleicht muss er sie vor dem Untergang retten, vielleicht muss er jemanden suchen oder ist – zu Unrecht natürlich – dorthin verbannt worden. Der Held muss sich also in der Fremde zurechtfinden. Er wird Fragen stellen, Entdeckungen machen usw. In dem Maße, in dem er die neue Welt erobert, tut das – quasi an seiner Seite – auch der Leser:

Bob (so nennen wir unseren Helden) *wusste nicht, was ihn erwartete. Sein Vorgesetzter hatte sich nur vage geäußert, und das hatte höchstwahrscheinlich seinen Grund. Bestimmt würde es noch viel schlimmer werden. Er würde auf der Hut sein müssen. OBOX, hieß es, war eine berüchtigte Spielhölle, in der sich nur üble Gestalten bewegten. Zwanzigtausend Bewohner, wenn man das überhaupt so nennen konnte, sollten sich dort aufhalten, Mord und Totschlag an der Tagesordnung sein. Er hatte gelesen, dass sie mit den Leichen dort kurzen Prozess machten und sie einfach in den Weltraum hinausbeförderten. Nun gut, er hatte schon genügend gefährliche Einsätze hinter sich, also würde ihm dieses Vergnügungsparadies auch keine Schwierigkeiten machen. Mit diesen Gedanken bestieg er den Raumgleiter…*

Merken Sie den Unterschied? Im ersten Beispiel sind die Informationen unromanhaft von der Handlung losgelöst und aneinander gereiht. Im zweiten Text sind sie an den Helden gebunden, der genauso unwissend ist wie der Leser. Die Informationen, die er benötigt, um sich Klarheit über die fremde Welt zu verschaffen, trägt er Stück für Stück zusammen. Auf diese Weise fließen diese Informationen organisch in die Handlung ein und wirken nicht länger wie Fremdkörper.

Allgemein gilt: Weder vergangene noch zukünftige Welten sollten gleich am Romananfang – unabhängig von Handlung und Figuren – erklärt werden. Ihre Aufgabe als Autor ist es, sie anhand einer Geschichte lebendig, bunt, bedrohlich, düster, heiter oder wie auch immer zu gestalten – auf jeden Fall aber spannend und nachvollziehbar.

Diese Regel betrifft logischerweise nicht nur Romananfänge, sondern jede Passage innerhalb des Handlungsbogens. Infopassagen, die blockartig in den Geschehensverlauf eingefügt sind und ihn unterbrechen, haben nirgendwo im Roman ihren Platz und ihre Berechtigung. Mehr darüber, wie man Informationen im Text unterbringen kann, ohne dass der Eindruck entsteht, die Handlung würde unterbrochen, erfahren Sie im fünften Kapitel.

Denken Sie immer daran, was Fantasy- und Science-Fiction-Romane erst lesenswert macht: Die Welten, Figuren und Konflikte haben etwas mit *uns* zu tun, sie spiegeln – egal ob verschlüsselt oder nicht – *unser* Dasein wider. Wir müssen uns darin wiedererkennen. Tun wir das nicht, verpufft die Wirkung, und die Lektüre wird uns langweilen.

Die Figuren und Konflikte in Fantasy- und Science-Fiction-Romanen müssen stets unsere *Lebenswelt spiegeln.*

Vom Prolog zum Rahmen

Eine beliebte Einstiegsmöglichkeit in die Romanhandlung ist auch der so genannte Prolog. Er schildert im Gegensatz zur einleitenden Szene in der Regel einen zeitlich herausgehobenen Handlungsaspekt, der zunächst einmal zusammenhanglos wirkt. Darauf beruht ein nicht unerheblicher Teil seiner Wirkung. Seine Einordnung in den Geschehensablauf erfolgt erst später.

Der Prolog schildert in der Regel eine zeitlich aus dem Handlungsbogen herausgehobene und isolierte Szene, deren Einordnung in den Gesamtzusammenhang sich erst später ergibt.

Auch hierzu ein Beispiel:

Am Fenster des ehemaligen Wohnzimmers blieb sie stehen. In einer Ecke lag noch die dunkelbraune Strickmütze, die Peter immer getragen hatte, wenn sie ihre langen Winterspaziergänge am Kanal entlang unternommen hatten. Eine dicke Staubschicht hatte sich darauf gelegt, sodass sie grau und alt wirkte. Anne hatte diese Mütze nie gemocht, aber Peter wollte sich nicht davon trennen. Er hatte immer gelacht und sie sich noch tiefer über die Ohren gezogen, weil er wusste, dass sie das zum Lachen bringen würde. Anne hob die Mütze hoch und schüttelte sie leicht, damit der Staub herunterfiel.
Vielleicht würde sie sie mitnehmen – eine kleine Erinnerung an eine Zeit, die ihr, obwohl sie schon

fast zwei Jahre zurücklag, noch immer Schauer über den Rücken jagte. Warum hatte es nur so weit kommen müssen? Sie zog ihren Mantel enger um sich. Trotz der Sonnenstrahlen, die durch die staubigen Fenster fielen, war es kalt in den Räumen, die beinahe auch einmal ihre geworden wären, damals, als Peter sie immer wieder bedrängt hatte, zu ihm zu ziehen, und als sie ihren Widerstand gegen ein Zusammenziehen mit ihm fast schon aufgeben wollte.
Sie wandte sich vom Fenster ab, blieb dann unvermittelt stehen und sah auf die Mütze in ihrer Hand. Nein, sie würde sie nicht mitnehmen. Wozu auch? Es wurde höchste Zeit, dass sie endlich einen Schlussstrich zog…

Welche Situation finden wir hier vor? Unsere junge Heldin geht durch eine leere Wohnung. Es ist, wie sich rasch herausstellt, die Wohnung von Peter, in der er aber offenbar nicht mehr lebt. Die Hintergründe bleiben zunächst im Dunkeln. Aus Andeutungen kann man nach und nach herauslesen, dass es eine schwierige Beziehungsgeschichte zwischen den beiden gegeben hat, offenbar ohne Happyend. Das deutet zumindest Annes Stimmung an.
Die Prologszene ist zeitlich herausgehoben. Sie weist über die eigentliche Geschichte hinaus, abzulesen an dem Hinweis, dass das Geschehen zwei Jahre zurückliegt. Also gehört sie nicht mehr zum Handlungskern, dem Beziehungskonflikt. Der Weg der Hauptfigur ist über das Handlungsende hinaus weitergedacht. Von dieser zeitlich herausgehobenen Situation wird auf das Kerngeschehen zurückgeblickt, das sich – vom Aufbau – wie eine Rückerinnerung liest. Die eigentliche Ge-

schichte könnte dann mit der Szene beginnen, wie Anne auf Peter wartet, der sie zu einem gemeinsamen Ausflug abholen will:

Anne stand am Fenster und schaute in den herbstlichen Morgen hinaus. Die Sonne warf ihr helles Licht auf die Dächer der Häuser und ließ das Rot der Ziegel warm aufleuchten. Eigentlich das richtige Wetter für einen Ausflug, dachte sie, und Peter hatte sicher schon irgend welche Pläne gemacht, wie sie den Tag gemeinsam verbringen könnten…

Dieser Romaneinstieg in Form einer zeitlich herausgehobenen Szene, die über den eigentlichen Handlungsschluss hinausweist, stellt natürlich nur *eine* der vielen Prologvarianten dar. Sie wollen mit einem Prolog arbeiten, weil er Ihnen als besonders attraktive Einstiegsvariante erscheint und – was noch wichtiger ist – weil Ihre Geschichte dadurch bereichert werden würde? Dann liegt es an Ihnen, die sich bietenden Möglichkeiten auszuprobieren. In unserem Fall könnte man beispielsweise auch überlegen, ob es nicht sinnvoll wäre, ein bestimmtes zentrales Motiv, das für das Verständnis der Geschichte und der Hauptfigur von grundlegender Bedeutung ist, in einem Prolog herauszuheben.
Denken wir noch einmal über die Kerngeschichte nach. Sie wollen eine sich zuspitzende Beziehungsgeschichte erzählen, die einen tragischen Verlauf nimmt. Jetzt könnten Sie beispielsweise den Handlungsverlauf in der Weise steuern, dass Anne durch Peters immer massiver werdende Versuche, sie zu vereinnahmen, von Albträumen geplagt wird. Und hier sind wir wieder beim Prolog. Denn ein Albtraum könnte sehr gut in einem Prolog Platz finden. Wiederum würde eine Szene

den Anfang bilden, die vom Leser zunächst nicht einzuordnen wäre, was natürlich für Spannung sorgt. Die Bedeutung würde sich erst im Laufe der Geschichte allmählich herausschälen. Spätestens dann, wenn unsere Hauptfigur in ihrer Entwicklung so weit fortgeschritten ist, dass das Motiv Albtraum zum Tragen kommt. Was sie dann träumen könnte, damit ihre psychische Situation deutlich wird, sollten Sie mithilfe einschlägiger Literatur herausfinden (siehe erstes Kapitel).

Generell gilt: Wenn Sie mit einem Prolog arbeiten möchten, setzen Sie nicht auf den puren Effekt. Jeder Prolog sollte Teil der erzählten Geschichte sein und zu deren Charakter passen.

Was den Romanaufbau angeht, so ist es nur ein kleiner gestalterischer Schritt vom Prolog zum Rahmen. Rahmengeschichten bestehen grundsätzlich aus zwei Teilen, dem eigentlichen Rahmen, der Anfang und Ende des Textes markiert, und der Binnengeschichte. Beide Teile sind eng miteinander verbunden. Die eigentliche Handlung wird innerhalb der Binnengeschichte geschildert. Der Rahmen dagegen dient dazu, die Erzählsituation zu umreißen, die Binnengeschichte einzuleiten sowie abzuschließen und die Binnenhandlung in einen übergeordneten Zusammenhang zu bringen.

Rahmengeschichten bestehen grundsätzlich aus zwei Teilen, dem eigentlichen Rahmen, der Anfang und Ende des Textes markiert, und der Binnengeschichte.

Wie könnten Sie im Fall unserer Beziehungsgeschichte den Rahmen und seine Verbindung zur Binnenge-

schichte gestalten? Den Prolog haben Sie ja bereits ausgearbeitet. Anne befindet sich in Peters ehemaliger Wohnung – wobei der Grund dafür noch im Dunkeln bleibt. Erinnerungen an die gemeinsame Zeit, die zwei Jahre zuvor ein offenbar ungutes Ende genommen hat, werden in ihr wach. So weit der Prolog. Die Binnengeschichte würde dann die tragische Entwicklung beinhalten, die sich zwischen den beiden Hauptfiguren abspielt. Dabei ist wichtig, dass diese Handlungsfolge in sich abgeschlossen und nachvollziehbar ist.
Nach Ende der Binnengeschichte wird die Prologsituation wieder aufgenommen und in einem ausleitenden Rahmenstück – dem so genannten Epilog – zu einem Ende geführt. In unserem Fall hieße das, Anne ist noch immer in Peters ehemaliger Wohnung und macht sich zum Weggehen bereit:

… Ihr Blick fiel wieder auf die Mütze und sie überlegte noch einmal, ob sie sie mitnehmen sollte. Sie hatte die Hand schon ausgestreckt, doch dann zog sie sie wieder zurück. Nein. Sie würde ein für alle Mal Schluss mit der Vergangenheit machen. Die Mütze würde sie doch nur an Erlebnisse erinnern, die sie eigentlich vergessen wollte. Das Bild von Peter, wie er die Mütze tief über beide Ohren zog und sie damit zum Lachen brachte, würde sie ohnehin nicht vergessen können.
Sie nahm ihre Tasche und ging zur Eingangstür. Ohne sich noch einmal umzusehen, verließ sie das Haus.

So oder ähnlich könnte der Roman enden. Im Epilog, von dem hier nur der letzte Teil vorschlagsweise formuliert ist, haben Sie die Situation des Prologs wieder auf-

genommen und zu einem Schluss geführt. Damit bildet auch der Rahmen eine gestalterische und handlungsmäßige Einheit.
Jeder Rahmen sollte ein konstruktives Gestaltungsmittel sein, indem er über das Romanende hinausweist und dem Leser Hinweise und Anreize gibt, über die Figur nachzudenken. Wird Anne den Neuanfang schaffen? Oder wird sie von den Erinnerungen an Peter nicht loskommen? Stellt sich der Leser diese Fragen, können Sie ziemlich sicher sein, dass Sie ihn gut und spannend unterhalten haben.

Jeder Stoff muss geordnet werden

Wir haben bereits die grundlegenden kompositorischen Hilfsmittel erwähnt, die Ihnen bei der Arbeit am Bau jeder Szenenfolge – unabhängig vom Genre – zur Verfügung stehen. An dieser Stelle wollen wir uns ausführlich damit beschäftigen und ausprobieren, inwieweit sie uns bei der Planung der Szenenfolge unseres Beziehungsdramas behilflich sein können. Folgende Ordnungshilfen werden vorgestellt:

- Auslassung
- Raffung
- Dehnung
- Vorausdeutung
- Rückblick

Beim Schreiben werden Sie feststellen, dass nicht alle diese Mittel dieselbe Wichtigkeit besitzen und dem szenischen Ablauf unterschiedlich intensive Stempel aufdrücken. Doch unabhängig davon sollten Sie alle kennen und über ihre Einsatzmöglichkeiten und Wirkungsweisen Bescheid wissen, denn sie gehören zum handwerklichen Rüstzeug jedes Autors.

Auslassung

Eine Auslassung nehmen Sie dann vor, wenn Sie einen bestimmten Zeitabschnitt – egal ob kurz oder lang – aus dem Leben der Romanhelden während des geschilderten Handlungsabschnitts auslassen. Indem Sie diesen Abschnitt nicht berücksichtigen oder streichen, signalisieren Sie, dass während der betreffenden Zeitspanne nichts Wesentliches passiert. Also nichts, was für das Verständnis der Handlung und die Weiterentwicklung des Konflikts und der Figuren wichtig ist:

»Sollen wir zum Kanal fahren und einen Spaziergang machen?«, fragte Peter.
Anne nickte. »Von mir aus.«
Eine halbe Stunde später hatten sie ihr Ziel erreicht. Peter parkte den Wagen am Straßenrand und sie stiegen aus…

Die Fahrt zum Kanal wurde ausgelassen. Damit deuten Sie an, dass während dieser Zeit nichts Entscheidendes passiert ist. Das dürfte allerdings angesichts der vorangegangenen Schilderung – Anne wartet auf Peter und hat eigentlich keine Lust, etwas mit ihm zu unternehmen – eher unwahrscheinlich sein.

Eine Auslassung liegt dann vor, wenn ein bestimmter Zeitabschnitt innerhalb des Handlungsbogens unberücksichtigt bleibt und nicht geschildert wird.

Wenn Sie einen Handlungsabschnitt auslassen, ist das eine gestalterische Entscheidung, die Sie später nicht widerrufen können. Es ist – auch aus Spannungsgründen – nicht möglich, einen Abschnitt wegzulassen, um ihn später nachzuholen.
Nehmen wir die Szene von eben wieder auf:

Eine halbe Stunde später hatten sie ihr Ziel erreicht. Peter parkte den Wagen am Straßenrand und sie stiegen aus.
»Gehen wir nach links oder nach rechts?«, fragte Peter und schloss den Wagen ab.
»Ist mir egal.« Anne band ihren Schal fester um den Hals, um sich gegen den böigen Wind zu schützen. Was sollte diese Frage? Sie gingen doch immer nach rechts Richtung Schleuse. Wahrscheinlich wollte er seine gute Laune zur Schau stellen, wie vorhin schon im Auto, als er dieses schreckliche Hitparadengedudel so laut gestellt hatte, dass sie sich die Ohren zuhielt. Und schon hatte es Streit gegeben.
»Was hast du? Freust du sich nicht auf unseren Ausflug?« Peter überholte rasant einen Lastwagen.
»Musst du immer so schnell fahren? Du weißt, dass ich das nicht mag.«
»Ich habe dich was gefragt.«
Anne schaute zur Seite. So war es weitergegangen, die ganze halbe Stunde lang, bis sie am Kanal angekommen waren.

Der Streit während der Fahrt ist handlungsmäßig und dramaturgisch durchaus wichtig, soll er doch den Anfangspunkt einer langen Reihe von sich steigernden Auseinandersetzungen markieren. So ist es nur folge-

richtig, dass diese Episode auch aktiv geschildert wird. Würde sie weggelassen, entstünde automatisch eine Lücke und dem Leser würde ein Baustein in der Handlungskette fehlen.
Es ist auch möglich – wenn Ihnen das effektvoller erscheint – den ersten Streit während der Autofahrt nicht an der zeitlich logischen Stelle zu schildern, sondern später, während des Spaziergangs. Allerdings unter der Bedingung, dass Sie während der Fahrt zum Kanal kurz auf den stattfindenden Streit verweisen. Darauf können Sie sich dann beziehen, wenn Sie die Auseinandersetzung selbst schildern wollen:

»Sollen wir zum Kanal fahren und einen Spaziergang machen?«, fragte Peter.
Anne nickte. »Von mir aus.«
Eine halbe Stunde später hatten sie ihr Ziel erreicht. Peter parkte den Wagen am Straßenrand und sie stiegen aus. Natürlich hatte es wieder Streit gegeben und am liebsten wäre Anne sofort wieder nach Hause gefahren.
»Gehen wir nach links oder nach rechts?«, fragte Peter und schloss den Wagen ab.
»Ist mir egal.«…

Hier ist ein kurzer Verweis eingearbeitet. Auf dieser Basis kann später die Schilderung der Episode erfolgen. So entsteht keine Lücke und Sie haben gleichzeitig die Möglichkeit, einen dramaturgischen und inhaltlich spannenden Effekt zu erzielen.
Die umgekehrte Vorgehensweise ist oft noch wirkungsvoller. Sie schildern die spannende Situation – in diesem Fall den Streit – aktiv, an der Stelle, an die sie vom chronologischen Ablauf her hingehört, und lassen die

Figur, Anne, später daran zurückdenken. Das schafft inhaltliche Verknüpfungen und steigert den Wert dieser Szene.

Die Arbeitsweise mit Auslassung oder Verweis und späterer Schilderung der Szene eignet sich allerdings nur für Handlungspassagen von untergeordneter Bedeutung. Der beschriebene Streit im Auto ist – für sich genommen – durchaus wichtig. Er stellt ein Glied in der Kette sich steigernder Auseinandersetzungen zwischen Anne und Peter dar. Doch er markiert kein Kernstück der Handlung, keinen Wendepunkt, an dem das Geschehen eine grundsätzlich neue Richtung erfährt.

Was heißt das? Es soll ja, laut unserer groben Planung, im Lauf der Zeit zu immer massiveren Auseinandersetzungen zwischen Anne und Peter kommen. Das Geschehen nimmt auf dem Höhepunkt eine tragische Wendung: Peter kommt zu Tode. Eine solche Kernszene darf selbstverständlich nicht ausgelassen oder nur mit einem kurzen Verweis wie »der Streit spitzte sich zu« angekündigt und nach hinten verschoben werden.

Die Auslassung und/oder Verschiebung einer Kernszene kann allein deshalb nicht überzeugen, weil die inhaltliche Lücke, die dadurch entsteht, vom Leser nicht gefüllt werden kann. Was soll er sich vorstellen? Er kann nur spekulieren und wird dieses erzählerische Vorgehen auf jeden Fall als Spannungs*bruch* empfinden, nicht als Spannungs*steigerung*.

Raffung

Eine Art Mittelstellung zwischen der Auslassung einer Szene und ihrer ausführlichen Darstellung nimmt die so genannte Raffung ein. Mit ihrer Hilfe können Sie einen bestimmten Geschehensabschnitt auf kleinem Raum komprimiert darstellen.

Mithilfe der Raffung können sie bestimmte Geschehensabschnitte auf knappem Raum zusammenfassen.

Kehren wir zu unserer Ausflugsszene zurück. Anne und Peter sind mit dem Auto unterwegs:

Es war wenig Verkehr. Peter schaltete das Autoradio ein und irgendein Privatsender verbreitete gute Laune. Anne hörte kaum zu. Nach einer halben Stunde hatten sie ihr Ziel erreicht…

Was ist hier geschehen? Die Fahrt ist als Szene nicht ausgelassen, vielmehr sind einige wenige Aspekte, die die Atmosphäre beschreiben, herausgehoben. Es entsteht der Eindruck, als sei die Szene in ihren entscheidenden Aspekten zusammengefasst, also gerafft worden.

Der gerafften Passage könnte sich eine ausgestaltete Szene anschließen. Beispielsweise der Spaziergang am Kanal, wo es zum Streit zwischen Anne und Peter kommt. Diese Szene ist für die Konfliktentwicklung von größerer Bedeutung als die Autofahrt. Deshalb ist die eine verknappt, die andere aber ausführlich gestaltet. Auf diese Weise korrespondiert die inhaltliche Abstufung mit der gestalterischen. Sie können damit sowohl das Tempo der Handlungswiedergabe steuern als auch inhaltliche Gewichtungen schaffen.

Für die kompositorischen Mittel Auslassung und Raffung gibt es im Filmbereich anschauliche Äquivalente: Filmschnitt und Zeitraffer. Aber auch für das Gegenteil dieser beiden Verknappungsformen – die Dehnung – kennt der Film eine Entsprechung: die Zeitlupe.

Dehnung

Unter einer Dehnung versteht man die betont breit ausgeführte Wiedergabe eines in der Regel kurzen Geschehens. Dadurch kann ein bestimmter Aspekt – etwa die psychische Situation einer Figur – herausgehoben und besonders betont werden. Bisweilen zögert eine gedehnte Passage aber auch ein bevorstehendes wichtiges Ereignis hinaus. In diesem Fall dient die Dehnung dazu, Spannung zu erzeugen.

Mithilfe der Dehnung können Sie einen in der Regel kurzen Geschehensabschnitt erzählerisch breit ausführen und ihm dadurch eine herausgehobene Bedeutung verleihen.

Auch in unserer Geschichte lassen sich Dehnungen einbauen. Schauen wir uns dazu wieder den Anfang des Handlungsbogens an. Anne wartet in ihrer Wohnung auf Peter, der sie abholen will. Dieser Zeitabschnitt dauert objektiv gesehen vielleicht nur wenige Minuten. Sie können aber durch das Mittel der Dehnung erreichen, dass er herausgehoben wird. Sie betonen beispielsweise, wie sich die Minuten hinziehen, wie Anne das Gefühl bekommt, eine Ewigkeit warten zu müssen:

Anne stand am Fenster und schaute in den herbstlichen Morgen hinaus. Die Sonne warf ihr helles Licht auf die Dächer der Häuser und ließ das Rot der Ziegel warm aufleuchten. Eigentlich das richtige Wetter für einen Ausflug, dachte sie, und Peter hatte sicher schon irgendwelche Pläne gemacht, wie sie den Tag gemeinsam verbringen könnten. Sie schaute auf die Uhr. Fast neun. Gleich würde er sie abholen. Gestern Abend hatte er am Telefon erst dann Ruhe gegeben, als sie eingewilligt hatte, den heutigen Tag mit ihm zu verbringen. Eigentlich sollte sie sich freuen, doch immer, wenn sie an die kommenden Stunden dachte, überkam sie ein Frösteln. Sie wandte sich vom Fenster ab und ging in die kleine Küche. Ob sie noch anfangen sollte, das Geschirr von gestern Abend zu spülen? Bestimmt hatte sie noch Zeit genug. Peter war ohnehin nie pünktlich. Unschlüssig schob sie die Gläser auf der Arbeitsplatte hin und her, doch dann ging sie zurück ins Wohnzimmer und stellte sich wieder ans Fenster. Ein Blick auf die Uhr zeigte ihr, dass es immer noch nicht neun war. Sie setzte sich aufs Sofa, nahm eine Zeitung zur Hand und begann, darin zu blättern. Irgendwo musste doch die Rezension über den Erstling dieses neuen deutschen Szeneautors sein, den sie unbedingt lesen wollte. Sie blätterte vor und zurück, fand die Besprechung aber nicht. Schließlich legte sie die Zeitung beiseite und stand auf. Wieder schaute sie zur Uhr. Gerade erst neun. Warum musste sich Peter nur immer verspäten! Das ging ja schon gut los…

An diesem Textausschnitt wird deutlich, wie eine Dehnung funktioniert. Sie hebt einen bestimmten, eigentlich nebensächlichen Aspekt – hier Annes Warten auf Peter – heraus und gibt ihm eine besondere Betonung. Dadurch wird auch ein angekündigtes Ereignis – in unserem Fall Peters Eintreffen – hinausgezögert, was natürlich Spannung erzeugt.

Vorausblick

Das Gestaltungsmittel des Vorausblicks können Sie immer dann einsetzen, wenn Sie auf ein zukünftiges Geschehen verweisen wollen. Es dient zum einen dazu, dem Leser Informationen zu geben, zum anderen erzeugt es Spannung. Vorausblicke sind meist kurz und beschränken sich auf Andeutungen, denn es soll ja nicht zu viel verraten werden.

Der Vorausblick hilft Ihnen, auf ein zukünftiges Geschehen zu verweisen und dadurch Spannung zu erzeugen.

Betrachten wir wieder unsere Geschichte und wenden uns einmal mehr der Ausflugsszene zu:

Anne stieg aus und schloss die Wagentür. Wenn doch schon alles vorbei wäre! Warum bloß hatte sie eingewilligt, diesen Ausflug zu unternehmen? Sie wusste schon jetzt, was in den nächsten Stunden passieren würde. Peter würde sie zum wiederholten Mal fragen, ob sie nicht mit ihm zusammenziehen wolle, und sie würde ihn wie all die vielen Male zuvor vertrösten. Unweigerlich würde es Streit geben und das geplante Mittagessen im Alten Fährhaus würde schweigend über die Bühne gehen …

Hierbei handelt es sich um einen klassischen Vorausblick in Form der Gedanken der Hauptfigur, die sich vorstellt, wie ein zukünftiges Geschehen ablaufen wird. Sie vermutet etwas, was sie aus Erfahrung einschätzen kann.

Diese Form des Vorausblicks ist zukunftsungewiss, denn die Figur kann nicht wissen, was wirklich passieren wird. In Romanen, die sich wie unser Projekt auf eine personale Erzählweise konzentrieren, kann nur diese Form des Vorausblicks eingesetzt werden.
Zukunftsgewisse Vorausblicke können im Gegensatz dazu nur von einem übergeordneten Erzähler kommen, der – anders als die handelnden Figuren – weiß, was passieren wird.

Unterscheiden Sie je nach gewählter Erzählperspektive zwischen zukunftsgewissen und zukunftsungewissen Vorausblicken.

Doch bedenken Sie: Gerade bei Vorausblicken neigen viele Autoren zu Schematismus und Übertreibungen. Stellen wir uns deshalb den Roman um Anne und Peter einmal in der auktorialen Perspektive vor. Wenn ein außenstehender und allwissender Erzähler die Fäden in der Hand hält, sind folgende Einfügungen möglich:

> *Wenn Anne damals schon gewusst hätte,*
> *auf was sie sich da eingelassen hatte…*

oder:

> *Anne konnte damals noch nicht wissen,*
> *dass ihr diese Entscheidung später einmal Leid*
> *tun würde…*

Einfügungen dieser Art sollen Spannung erzeugen – und das tun sie auch, wenn sie an der richtigen Stelle eingesetzt und nicht zu häufig verwendet werden.

Aber Vorsicht: Vorausblicke dieser Art können schnell zu leeren Floskeln werden, und ihre Wirkung verpufft dann.

Rückblick

Wenden wir uns nun dem Rückblick zu. Damit kommen wir zum wichtigsten und – was die Geschehensdarstellung angeht – markantesten Ordnungsprinzip. Kein anderer Baustein durchbricht die Erzählchronologie so nachhaltig und ist für den Romanaufbau so unentbehrlich wie der Rückblick.

Der Rückblick ist das markanteste Ordnungsprinzip, denn er unterbricht die Erzählchronologie am nachhaltigsten.

Ohne den Einsatz von Rückblicken werden Sie keine Romanhandlung schlüssig erzählen können. Rückblicke sind mannigfaltig einsetzbar. Hier gibt es eine Vielzahl von Variationsmöglichkeiten, angefangen beim kurzen, spotartigen Verweis auf Vergangenes bis hin zu langen, ausgreifenden Szenen oder gar so umfassenden Rückblicken, dass sie den Aufbau eines ganzen Romans bestimmen können.

Schauen wir uns einige Beispiele an:
Die erste Notwendigkeit, sich mit dem Rückblick zu beschäftigen, entsteht aus der Tatsache, dass Ihre Romanfiguren ein Vorleben haben. Sie existieren bereits, bevor sie ihren ersten Auftritt im Roman haben.
Im Leben unserer Heldin Anne ist sicher schon einiges passiert, bevor wir sie kennen lernen. Sie hat bestimmt

auch manches erlebt, was für unsere Geschichte von Belang ist. Anne hatte wahrscheinlich schon Beziehungen, bevor sie Peter traf. Waren diese ebenfalls problematisch und wenn ja, warum? Werfen sie vielleicht ein Licht auf Annes Verhalten Peter gegenüber? All das ist natürlich für die Zeichnung der Hauptfigur äußerst wichtig.

Anne und Peter sind sich irgendwann begegnet und daraus ist eine Beziehung gewachsen. Anne ist in die kleine Wohnung gezogen, Peter drängt sie seit längerem, zu ihm zu ziehen. Dies sind nur einige wenige Aspekte aus dem Vorleben der Figuren, die unsere Geschichte mitprägen. Und wir müssen konsequenterweise im Roman auch darauf eingehen – in Form von Rückblicken. Da wir uns entschieden haben, Anne in den Mittelpunkt zu stellen, werden wir die Rückblicke auf sie konzentrieren beziehungsweise an sie binden. Kommen wir zur Ausgangssituation zurück:

Anne stand am Fenster und schaute in den herbstlichen Morgen hinaus. Die Sonne warf ihr helles Licht auf die Dächer der Häuser und ließ das Rot der Ziegel warm aufleuchten. Eigentlich das richtige Wetter für einen Ausflug, dachte sie, und Peter hatte sicher schon irgendwelche Pläne gemacht, wie sie den Tag gemeinsam verbringen könnten. Sie schaute auf die Uhr. Fast neun. Gleich würde er sie abholen. Gestern Abend hatte er am Telefon erst dann Ruhe gegeben, als sie eingewilligt hatte, den heutigen Tag mit ihm zu verbringen …

Hier ist ein erster kurzer Rückblick eingebaut (*gestern Abend*). Er weist, da wir uns ja in der Eingangsszene des Romans befinden, quasi über den Romanrand hinaus und gibt einen Hinweis auf ein Ereignis in der Vergangenheit. Dieses liegt vor dem eigentlichen Handlungsbeginn, beeinflusst aber gleichzeitig das Geschehen.

Mithilfe des Rückblicks können Sie das Vorleben der Romanfiguren darstellen.

Nun könnten Sie die gewählte Situation nutzen und den kurzen, punktuellen Rückblick noch etwas ausweiten. Denn – und dieser Aspekt ist besonders wichtig – die geschilderte Szenerie eignet sich dafür besonders gut. Warum? Anne, an die der Rückblick gebunden ist, befindet sich in einer Situation, die aus inhaltlichen und logischen Gründen die Voraussetzungen dafür bietet. Inhaltlich deshalb, weil der Aufhänger, Peters Anruf, bereits vorhanden ist. Logisch, weil Anne Zeit zum Nachdenken hat – sie wartet – und in der psychischen Verfassung für einen Rückblick ist: Sie wirkt unruhig, hat eigentlich keine Lust, einen Ausflug zu machen und kann sich nicht konzentrieren. Führen wir die Situation also weiter:

Gestern Abend hatte er am Telefon erst dann Ruhe gegeben, als sie eingewilligt hatte, den heutigen Tag mit ihm zu verbringen. Es war gewesen wie so viele Male zuvor. Irgendwann hatte sie nachgegeben, um des lieben Friedens willen. Einmal hatte sie versucht, sich durchzusetzen, im letzten Sommer war das gewesen, als Peter sie mit einer Spritztour nach München überraschen wollte, aber was hatte ihr das gebracht? Peter hatte ihr immer wieder vorgeworfen, dass sie an einem ver-

patzten Wochenende schuld sei. Wütend war er allein gefahren und hatte sich das ganze Wochenende über nicht gemeldet, und sie hatte in ihrer Wohnung gesessen und es nicht geschafft, abzuschalten und es sich gemütlich zu machen …

Die beiden Aspekte – die psychische Situation der erinnernden Figur und den logischen Zeitfaktor – sollten Sie stets beachten, wenn Sie mit dem Rückblick arbeiten wollen. Gibt es hier Lücken oder Unstimmigkeiten, wirkt das Dargestellte automatisch unrealistisch und falsch.

Rückblicke müssen immer zweifach motiviert sein: durch die psychische Befindlichkeit der Figur, die sich erinnert, und durch die zeitliche Logik der Situation.

Spinnen wir unsere Geschichte um Anne und Peter einmal weiter. Peters Druck auf Anne wird immer massiver, schließlich bedroht er sie sogar. Irgendwann ist die Situation so eskaliert, dass Peter Anne mit Gewalt zu sich holen will. Aufgrund dieser Entwicklung könnte man sich die folgende Szene gut vorstellen. Anne ist aus Furcht vor Peter in ihre Wohnung geflohen und hat sich eingeschlossen. Peter steht draußen und hämmert und tritt gegen die Tür, die allmählich nachzugeben droht:

»Mach endlich die Tür auf!« Peters Stimme überschlug sich. Faustschläge prasselten gegen die Tür. Anne presste ihren Rücken verzweifelt dagegen.

Was sollte sie nur machen? Sollte sie jemanden anrufen? Sie traute sich nicht, die Tür zu verlassen und zum Telefon zu eilen, aus Angst, dass die Tür nachgeben würde. Es war aussichtslos. Sie saß in der Falle. Schluchzend sank sie zu Boden. Warum war alles nur so schlimm geworden? Peter war doch früher nicht so gewesen. Plötzlich fiel ihr wieder ein, wie lustig es gewesen war, als sie beide sich zum ersten Mal begegnet waren. Sie wollte eigentlich mit Biggy und Lisa einen Ausflug machen. Eine richtige »Frauensause« sollte es werden, wie Lisa immer sagte, aber dann hatte Biggy gefragt, ob sie ihren Besuch mitbringen könne, ihren Bruder Klaus und dessen Freund, irgendeinen Peter, angeblich ein netter Typ. Lisa hatte zuerst protestiert, aber dann war es ein wunderschöner Nachmittag geworden …

Ziemlich unpassend dieser Rückblick, nicht wahr? Er fügt sich weder logisch in das Geschehen ein, denn Anne hat gar keine Zeit, lang und breit über Vergangenes nachzudenken, noch spiegelt er ihre psychische Befindlichkeit wider. Anne ist in großer Angst, sie weiß nicht, was sie tun soll. Sie wird also panisch darüber nachdenken, wie sie sich retten kann, nicht aber schöne Erinnerungen hervorkramen, wie man es in einer entspannten Situation ohne psychische Belastung tun würde. Die szenischen Voraussetzungen für einen Rückblick sind somit nicht geschaffen. Das Ergebnis ist, dass die Szene vollkommen unglaubwürdig wirkt.

Es gibt aber noch einen weiteren Grund, warum die Szene nicht funktioniert. Bei der Gestaltung des Rückblicks hat der Erzähler keinerlei Rücksicht darauf genommen, dass die Handlung – unabhängig von Annes Rückblick – weiterläuft. Peter hämmert noch immer auf die Tür ein, vielleicht hebt er sie sogar aus den Angeln. All das wird in der szenischen Gestaltung nicht berücksichtigt und macht sie unvollständig. Die anfängliche Spannung wird sogar geschwächt anstatt gesteigert. Der Leser bekommt das Gefühl, das eigentliche Geschehen – Peter will in Annes Wohnung eindringen – wird so lange angehalten, bis Anne ihren Rückblick abgeschlossen hat. Erst dann setzt das Geschehen wieder ein und die Szene wird fortgeführt. Bis dahin hat der Leser die Bedrohung bereits vergessen. Derartige Unterbrechungen des Handlungsfortgangs sollten Sie grundsätzlich vermeiden, weil sie unlogisch und unrealistisch wirken.

Rückblicke sollten nie den Handlungsgang unterbrechen.

Ist es tatsächlich erforderlich, dass Anne während der beschriebenen Situation über Vergangenes nachdenkt, so muss es Ihnen gelingen, dieses Rückerinnern immer wieder durch die Weiterführung der aktuellen Handlung zu unterbrechen. Beide Ebenen – Annes Nachdenken und ihr gleichzeitiges Abwehren von Peters Eindringen – müssen gewissermaßen parallel weiterlaufen. Beim Leser soll die Illusion einer Gleichzeitigkeit von Aktion und Nachdenken entstehen:

»Mach endlich die Tür auf!« Peters Stimme überschlug sich. Faustschläge prasselten gegen die Tür. Anne presste ihren Rücken verzweifelt dagegen. Was sollte sie nur machen? Sollte sie jemanden

anrufen? Sie traute sich nicht, die Tür zu verlassen und zum Telefon zu eilen, aus Angst, dass die Tür nachgeben würde. Es war aussichtslos. Sie saß in der Falle.

»Anne, bitte…« Peters Stimme war gefährlich leise geworden. »Ich werde dir nichts tun.«

Anne begann zu schluchzen. »Bitte, lass mich in Ruhe…«, stieß sie leise hervor. »Wir können morgen über alles reden.« Vielleicht konnte sie ihn ja noch einmal vertrösten. »Lass uns morgen etwas unternehmen… Wir könnten doch mal wieder zum Kanal fahren, wie früher, du weißt doch, wie schön das immer war… Erinnerst du dich?«

Hinter der Tür war es still geworden. Anne schöpfte Hoffnung. Vielleicht konnte sie Peter auf diese Weise beruhigen.

»Erinnerst du dich, dass du einmal fast in den Kanal gefallen wärst, weil du unbedingt versuchen musstest, auf dem Geländer zu balancieren?«

Anne versuchte ein Lachen, aber es klang irgendwie schief. »Ich konnte dich gerade noch festhalten, bevor du ins kalte Wasser gefallen wärst.«…

In dieser Version laufen Aktion und Rückerinnerung nicht mehr voneinander getrennt ab, sondern bilden eine Einheit. Auf diese Weise wirkt die Szene realistisch und spannend.

Bei Rückblicken gilt grundsätzlich Folgendes: Sie müssen

- zur psychischen Situation der sich erinnernden Figur passen. Stimmen die Umstände? Will die Figur überhaupt zurückdenken? Wehrt sie sich dagegen? Wird sie von Erinnerungen gequält? Denkt sie gern zurück? usw.

- vom Zeitablauf des Geschehens aus betrachtet logisch sein. Hat die Figur überhaupt Zeit für eine Rückerinnerung?
- die Handlung weiterführen. Der Handlungsmotor darf nicht still stehen, solange sich die Figur an etwas erinnert.

Rückblicksromane

Rückblicke können so umfangreich sein, dass sie den Charakter und die Form ganzer Romane bestimmen. Hier gibt es mehrere Varianten, die jedoch ein gemeinsames Kennzeichen aufweisen. Der Erzähler tritt als Ich in Erscheinung und berichtet aus der Rückschau über ein bestimmtes Geschehen, in dessen Mittelpunkt er gestanden hat.

Viele Romane der unterschiedlichsten Genres folgen diesem beliebten Muster, wobei allen gemeinsam ist, dass die dargestellte Handlung komplett als Rückblick eines Ichs zu verstehen ist. Es gibt keinen Rahmen, in dem geklärt wird, wer warum etwas Vergangenes erzählt. Und es gibt auch keinen Verweis auf die konkrete Situation, in der sich das Ich befindet, während es erzählt. Als Leser weiß man lediglich, dass eine bestimmte Entwicklung abgeschlossen ist, auf die das Ich zurückblickt.

Unser Beziehungsdrama könnte auch als Rückblicksroman erzählt werden. Anne erinnert sich an die schrecklichen Erlebnisse und beginnt ihren Rückblick mit der Szene, die wir schon als Eingangspassage auserkoren hatten:

Ich stand am Fenster und schaute in den herbstlichen Morgen hinaus. Die Sonne warf ihr helles Licht auf die Dächer der Häuser und ließ das Rot

der Ziegel warm aufleuchten. Eigentlich das richtige Wetter für einen Ausflug, dachte ich, und Peter hatte sicher schon irgendwelche Pläne gemacht, wie wir den Tag gemeinsam verbringen könnten.
Ich schaute auf die Uhr. Fast neun. Gleich würde er mich abholen. Gestern Abend hatte er am Telefon erst dann Ruhe gegeben, als ich eingewilligt hatte, den heutigen Tag mit ihm zu verbringen. Eigentlich hätte ich mich freuen sollen, doch immer, wenn ich an die kommenden Stunden dachte, überkam mich ein Frösteln.
Wie gern wäre ich zu Hause geblieben, hätte mich in meinen zwei kleinen Zimmern vergraben, Musik gehört, vielleicht ein bisschen aufgeräumt. Ich liebte meine kleine Wohnung unter dem Dach eines alten Fachwerkhauses. Sie hatte nur einen Nachteil: Sie bot zu wenig Platz. Und wenn ich nicht endlich für Ordnung sorgte, würde ich mich wohl oder übel von einigen meiner geliebten Bücher trennen müssen.
Peter hatte mich schon mehrmals gefragt, ob ich nicht zu ihm an den Stadtrand ziehen wolle, in seine »grüne Oase«, wie er immer wieder betonte. Er habe Platz für zwei und ich könne endlich meine Bücherkisten, die im Keller allmählich feucht wurden, ausräumen und mir eine kleine Bibliothek einrichten. Ein verlockender Gedanke. Trotzdem hatte ich bislang immer abgelehnt, weniger der Wohnung wegen, zu der ein wunderschöner verwilderter Garten gehörte, vielmehr schreckte mich Peters Nähe, die ich in letzter Zeit immer seltener genießen konnte. Warum drängte er nur so?

Bestimmt würde er heute wieder fragen und ich würde ihn – wie all die Male zuvor – auf später vertrösten. Aber so konnte es nicht weitergehen. Nein, heute würde ich die Gelegenheit nutzen, um mit ihm zu sprechen, ich würde ihm zu erklären versuchen, dass ich Abstand brauchte, dass er mich nicht weiter drängen sollte. Es wäre umsonst. Es klingelte und ich zuckte zusammen. Ich atmete tief durch und wandte mich vom Fenster ab. Im Flur nahm ich meine Jacke vom Haken und zog sie über. In diesem Augenblick klingelte es zum zweiten Mal. »Ich komm ja schon«, murmelte ich. Wenn der Tag doch nur schon vorbei wäre…

Diese Form des Rückblicksromans ist bei vielen Autoren sehr beliebt. Es kommt immer wieder das Argument, wenn man mit der Ich-Perspektive arbeite, stelle sich automatisch eine große Nähe zwischen Hauptfigur und Leser her. Doch das lässt sich generell so nicht sagen. Die Nähe zur Figur, die Unmittelbarkeit ihres Erlebens, Denkens und Fühlens, wird nicht allein durch die Erzählperspektive geschaffen.

Es liegt nicht allein an der Ich-Perspektive, wenn man als Leser die Hauptfigur besonders nah und lebendig empfindet.

Jeder erzählerische Blickwinkel – ob Ich-, personale oder auktoriale Perspektive – kann, wenn er intensiv ausgenutzt wird, dafür sorgen, dass sich der Leser unmittelbar angesprochen fühlt und sich mit der Hauptfigur identifiziert. Am besten, Sie probieren es einmal aus!

Zur Kategorie der Rückblicksromane gehören auch die beliebten autobiografischen Romane. Sie zeichnen den gesamten Lebenslauf oder einen bestimmten herausgehobenen Ausschnitt daraus eines Ich-Erzählers nach. Hier reiht sich Episode an Episode, wobei Vorsicht geboten ist. Nicht alles, was Sie erlebt haben, ist auch für den Leser so bedeutend, dass es unbedingt dargestellt werden muss. Wählen Sie also aus und arbeiten Sie gerade in diesem Genre gezielt mit den Ordnungshilfsmitteln der Auslassung und der Raffung. Erst indem Sie den Blick des Lesers auf bestimmte Kernerlebnisse richten, geben Sie der Beschreibung Ihres Lebens ein individuelles Bild, das über Ihr privates Umfeld hinaus von Interesse sein kann.

Nicht alles, was Sie erlebt haben, ist so wichtig, dass es romanhaft erzählt werden muss.

Kommen wir nun zu zwei besonderen Formen des Rückblicksromans, in denen die Erinnerung an ein bestimmtes Geschehen eine ausgesprochen persönliche Note erhält. Es geht um die Genres Briefroman und Tagebuchroman.

Briefromane und Tagebuchromane sind die persönlichsten und individuellsten Ausprägungen des Ich-Rückblicks.

In beiden Fällen wird die Handlung – mit zeitlicher Verzögerung, aber dennoch ganz nah am ablaufenden

Geschehen – von einem Ich schrittweise nacherzählt und kommentiert. Auch unser Beziehungsdrama könnte auf diese Art und Weise geschildert werden. Lassen Sie es uns versuchen.
Durchdenken wir unsere Geschichte zunächst einmal als Briefroman. Die formale Voraussetzung dafür wäre vorhanden. Wir haben eine Briefschreiberin Anne, die ihre Erlebnisse jemandem in brieflicher Form mitteilt. Und schon wird es kompliziert: Es geht um diesen Jemand. Der Adressat der Briefe muss sorgfältig gewählt und geplant sein. Denn es macht einen großen Unterschied, wem Anne die Briefe schreibt. Das kann eine Freundin sein, die die Zusammenhänge um die schwierige Beziehung zu Peter kennt und über den Stand der Dinge informiert ist. Oder beispielsweise die Mutter, die vielleicht bestimmte Dinge weiß, aber keine Einzelheiten, weil Anne sie ihr verschweigt, um sie nicht zu beunruhigen. Versuchen wir einmal die Briefvariante an eine Freundin:

Liebe Lisa,
ich brauche deinen Rat. Ich weiß einfach nicht weiter. Heute hatte ich wieder Stress mit meinem Freund Peter. Wir haben einen Ausflug gemacht – ich hatte eigentlich gar keine Lust dazu – und natürlich, wie zu erwarten, gab es Streit. Wann ich endlich zu ihm in seine Wohnung am Stadtrand ziehe, die mit dem verwilderten Garten, hat er mich gefragt. Du weißt, ich möchte nicht raus aus meiner gemütlichen Zweizimmerwohnung in einem alten Fachwerkhaus, auch wenn ich eigentlich nicht genügend Platz für meine vielen Bücher habe. Außerdem will ich mich nicht an Peter binden. Irgendetwas hält mich zurück…

Hier können wir abbrechen. Passt dieser Brief, den Anne an ihre enge Freundin schreibt, in das gewählte Konzept? Wohl kaum, denn die Informationsvergabe richtet sich nicht nach diesem Umstand und weist Fehler auf. Anne beschreibt Sachverhalte, die die Adressatin bereits kennt: *mein Freund Peter, Wohnung am Stadtrand mit verwildertem Garten, meine gemütliche Zweizimmerwohnung in einem alten Fachwerkhaus...* All diese Informationen sind – was das erzählerische Grundkonzept angeht – überflüssig und gehören nicht in den Brief. Sie sind nur eingebaut, damit der Leser die Zusammenhänge begreift.

Achtung bei der Informationsvergabe: Zum Briefroman gehören nur der Briefschreiber und der Adressat – nicht aber der Leser.

Dieser Blick in Richtung Leser ist zwar richtig und wichtig: Er soll tatsächlich die Zusammenhänge begreifen. Aber nicht dadurch, dass ihm die Informationen unverschlüsselt präsentiert werden. Der Leser gehört nicht zur gewählten Grundkonstellation, diese besteht nur aus einer Briefschreiberin und einer Adressatin. Deshalb kann er – logischerweise – auch nicht direkt angesprochen werden. Genau das tun Sie aber, wenn Sie mit der Informationsvergabe diesen Rahmen durchbrechen und sich quasi direkt an den Leser wenden. Ihre Aufgabe als Erzähler ist es aber vielmehr, die notwendigen Informationen so zu verpacken, dass sie Teil der geschilderten Szene sind. Sie müssen die Fiktion – Briefschreiberin teilt sich einer vertrauten Person mit – aufrechterhalten. Hier ein neuer Versuch:

Liebe Lisa,
ich brauche deinen Rat. Ich weiß einfach nicht weiter. Heute hatte ich wieder Stress mit Peter. Wir haben einen Ausflug gemacht – ich hatte eigentlich gar keine Lust dazu – und natürlich, wie zu erwarten, gab es Streit. Wann ich endlich zu ihm ziehe – du weißt, ich liebe diesen romantisch verwilderten Garten –, aber ich möchte trotzdem nicht raus aus meinem kleinen Reich, auch wenn ich es immer noch nicht geschafft habe, Ordnung zu machen. Irgendwann werde ich mich tatsächlich von einem Teil meiner geliebten Bücher trennen müssen. Nun gut …

Was hat sich in dieser Version geändert? Die direkten Informationen sind ausgespart und trotzdem ahnt man als Leser schon etwas von den Zusammenhängen. Einiges von dem, was man wissen muss, um den Grundkonflikt zu verstehen, ist bereits angedeutet. Nun kommt es darauf an, in den anschließenden Briefen die Geschichte Schritt für Schritt weiterzuspinnen und nie den eng begrenzten Rahmen, der die beiden Briefpartner umgibt, zu durchbrechen. Einfacher wird es immer dann, wenn die Briefschreiberin Dinge berichtet, die auch dem Adressaten neu sind. Sie muss die unbekannten Zusammenhänge dann notwendigerweise erklären, und davon profitiert indirekt auch der Leser.
Kann die briefliche Beschreibung eines Handlungsbogens eigentlich mit jedem beliebigen Adressaten durchgeführt werden? Machen wir einen Versuch und wählen wir als Adressaten Annes Mutter. Wie wir uns bereits vorgestellt haben, weiß sie über die schwierige Situation zwischen ihrer Tochter und deren Freund nicht genau Bescheid:

Liebe Mama,
du brauchst nicht beunruhigt zu sein. Ich bin nicht zu abweisend zu Peter. Er ist lieb und nett, und manchmal könnte ich mir durchaus vorstellen, mit ihm zusammenzuleben. Aber er hat halt sehr konservative Vorstellungen von einer Beziehung mit Zusammenziehen und Heiraten und Kinderkriegen, und das kann ich mir im Augenblick für mich einfach noch nicht vorstellen. Später vielleicht, aber, du weißt, ich liebe meinen Beruf, und da möchte ich noch einiges erreichen, bevor ich mich der Familienplanung widme…

Auf den ersten Blick funktioniert der Brief, denn er gibt die gewählte Ausgangssituation deutlich wieder. Anne verschweigt ihrer Mutter die wirklichen Zusammenhänge, deutet aber gleichzeitig den Grundkonflikt – Peters Drängen und ihre Distanz – an. Insgesamt enthält der Brief jedoch zu wenige Fakten. Er spiegelt nur unzureichend die Konfliktentwicklung wider, die ja das inhaltliche Rückgrat des Romans sein soll. Das macht ihn untauglich für die erzählerische Verarbeitung einer komplizierten Geschichte. Sie müssten, wenn Sie mit Briefen dieser Art arbeiten wollen, eine zusätzliche Erzählerebene bemühen, die die brieflichen Ungenauigkeiten geraderückt:

Anne seufzte. Sie konnte sich ihrer Mutter nicht anvertrauen, auch wenn sie es gerade jetzt so gern getan hätte. Bei wem sollte sie sich sonst aussprechen, sie hatte ja niemanden. Vielleicht hätte sie nicht irgendwann damit beginnen sollen, die Dinge zu beschönigen, aus Angst, dass ihre Mut-

ter aus lauter Kummer krank werden würde. Jetzt konnte sie nicht mehr zurück, jetzt konnte sie ihrer Mutter nicht beichten, dass sie die Beziehung zu Peter beenden wollte, dass sie ein für alle Mal Schluss machen wollte, dass sie langsam Angst vor ihm bekam, vor seinen Versuchen, sie für sich zu gewinnen…

Dieses Ausweichen auf eine zusätzliche Erzählebene ist in einem Briefroman nicht möglich. Wenn Sie sich für diese Variante entschieden haben, heißt das automatisch auch, dass Sie sich an die formalen Vorgaben binden. Die komplette Geschichte muss in der Brieffolge untergebracht werden, unabhängig davon, ob Sie allein die Hauptfigur Anne zur Briefschreiberin machen oder ob Sie den oder die Adressaten und die jeweiligen Rückbriefe in die Darstellung mit einbeziehen. Ist die Hauptfigur die alleinige Briefschreiberin, so muss aus ihren Briefen grundsätzlich der Inhalt oder Tenor der Antworten erkennbar sein. Das heißt auch, dass Sie eine genaue Vorstellung von der Person haben müssen, die die nicht abgedruckten Antwortbriefe schreibt – auch wenn diese Person nie in Erscheinung tritt:

Liebe Lisa,
vielleicht hast du ja Recht. Vielleicht gehe ich tatsächlich zu streng ins Gericht mit Peter. Ich bin mir halt unsicher und ich habe Angst davor, eine Entscheidung zu treffen, die ich später einmal bereuen werde.
Gestern Abend war ich bei ihm zum Abendessen – er hatte tatsächlich gekocht! Und es war, das muss ich zugeben, sehr gemütlich, was ich eigentlich nach dem Streit bei unserem Ausflug zum

Kanal gar nicht erwartet hatte. Wir haben lange bei Kerzenlicht zusammengesessen …

In diesem Brief sind beide genannten Aspekte enthalten. Zum einen wird der Handlungsbogen weitergeführt, Anne besucht Peter und der Abend verläuft – im Gegensatz zum gemeinsamen Ausflug – harmonisch. Zum anderen liest man aus den Zeilen indirekt die Reaktion der Adressatin heraus. Die Freundin hat Anne offensichtlich geraten, über die Streitsituation und ihre grundsätzliche Haltung Peter gegenüber einmal in Ruhe nachzudenken.

Werfen wir zum Abschluss einen Blick auf die Variante des Tagebuchromans. Formal weist er große Ähnlichkeiten mit dem Briefroman auf. Auch hier ist der gewählte Erzählrahmen – in diesem Fall eine lange Folge von Tagebucheintragungen – bindend; er kann nicht durchbrochen werden. Der Unterschied zum Briefroman liegt eher in der Färbung der Erzählweise. Wird im Briefroman die individuelle Note des Schreibenden und des Aufgeschriebenen schon spürbar herausgehoben, so steigert sich dieser Aspekt in der Tagebuchvariante noch deutlich. Hier gibt es keinen Adressaten im eigentlichen Sinn. Der Tagebuchschreiber nutzt das Niederschreiben nicht nur dazu, bestimmte Erlebnisse für sich festzuhalten. Er will sie gleichzeitig kommentieren und sich Klarheit über Sinn und Zusammenhänge verschaffen.

Die Tagebuchform eignet sich besonders dann, wenn Sie den Akzent auf das individuelle Nachdenken, Kommentieren und Verarbeiten eines Geschehens legen wollen.

Doch auch hier gilt: Vorsicht bei der Informationsvergabe. Sie müssen die für den Leser notwendigen Informationen genauso wie beim Briefroman versteckt einarbeiten. Sie sollen Teil des erzählten Geschehens oder der eingefügten Kommentare werden. Im Tagebuchroman müssen Sie im Grunde noch vorsichtiger vorgehen, denn der Tagebuchschreiber hat ja kein Gegenüber mehr, keinen Ansprechpartner, dem er unter Umständen bestimmte Informationen geben muss. Unabhängig davon würde auch hier der Blick zum Leser den gewählten Erzählrahmen automatisch durchbrechen.

In einer Tagebuchroman-Variante unserer Geschichte haben dementsprechend Formulierungen wie *mein Freund Peter* oder *meine gemütliche Zweizimmerwohnung in einem alten Fachwerkhaus* nichts zu suchen:

Samstagabend, nach 23 Uhr
Wenn ich nur wüsste, was ich tun soll. Der heutige Tag hat mir wieder einmal deutlich gemacht, dass es so nicht weitergehen kann. Wieder hatte ich eine Auseinandersetzung mit Peter. Als wenn ich es geahnt hätte. Ich wollte eigentlich gar keinen Ausflug mit ihm machen, aber ich habe natürlich wieder nachgegeben (wie sollte es auch anders sein), und wir sind nach langer Zeit mal wieder am Kanal spazieren gegangen. Schon während der Fahrt gab es Streit. Ich gebe zu, meine Laune war ohnehin nicht die beste, aber dieses ewige Hitparadengedudel! Peter weiß genau, wie ich das hasse. Ich hatte schon mit der entscheidenden Frage gerechnet, und tatsächlich, als wir am Kanal entlanggingen, kam sie dann auch: Willst du nicht endlich zu mir ziehen?…

So in etwa könnte eine Tagebucheintragung beginnen. Sie merken, es werden durchaus Informationen über die Zusammenhänge gegeben. Dabei wird aber konsequent der vorgegebene erzählerische Rahmen, das private Niederschreiben und Kommentieren der Erlebnisse in Tagebuchform, eingehalten.
Sie haben sicher mitbekommen, dass es nicht ganz einfach ist, mit der Brief- oder Tagebuchform zu arbeiten. Beide Varianten sind komplizierte gestalterische Mittel, deren Regeln und Wirkungsweisen Sie kennen sollten. Dass Sie selbst privat gern Briefe schreiben oder Ihre Erlebnisse einem Tagebuch anvertrauen, ist nicht unbedingt eine sichere und ausreichende Basis für Ihre Arbeit als Autor. Auch hier gilt: Ausprobieren und bei berühmten Vorbildern nachlesen!

Ein unverzichtbares Hilfsmittel: der Szenenplan

Wir haben uns ausführlich mit den Hilfsmitteln zum Ordnen des Romanstoffs beschäftigt und die einzelnen Handlungsschritte abgesteckt. Jetzt können wir unsere gesamten Vorüberlegungen in einer umfassenden Übersicht festhalten. Sie bildet die Grundlage für die weitere Ausarbeitung des Romans: Es geht um den Szenenplan. Am Beispiel des Lottogewinners haben wir ja bereits zu Anfang auf die Notwendigkeit eines durchdachten Szenenablaufs hingewiesen.
Der Szenenplan erfüllt zwei Aufgaben. Er skizziert jede einzelne Szene und beschreibt – in der Regel in Stichworten –, welcher Geschehensabschnitt wie erzählt werden soll. Damit beantwortet er alle Fragen nach Handlung und Figuren, Zeit und Ort:

- Wie ist der Handlungsverlauf? An welchem Punkt startet die Szene, wo hört sie auf?
- Welche Figuren treten auf? Hierzu gehören möglichst detaillierte Angaben zu den auftretenden Personen, zu denen Sie bereits im Rahmen der Planungsarbeit ausführliche Porträts angefertigt haben. Dazu gehört beispielsweise, in welcher psychischen Verfassung sie sind.
- Wo spielt die Szene? Hier geht es um die Skizzierung des Raumes (Innenraum und Außenraum).
- Wann spielt die Szene? Dies betrifft die Tageszeit, das Wetter usw.
- Welche besonderen Merkmale kennzeichnen diesen Handlungsabschnitt? Hier können Sie all das sammeln, was zur Ausgestaltung der Szene darüber hinaus noch wichtig sein könnte. Ob sie zum Beispiel als Rückblick gestaltet ist, ob sie Auslassungen, Raffungen, Dehnungen oder Vorausblicke enthält. Sie können auch auf bestimmte Motive hinweisen, die in der betreffenden Szene verarbeitet werden sollen und zumindest grob festlegen, welches Aussehen die Szene haben wird, welche Passage dialogisch ausgearbeitet werden soll und welche erzählerisch-beschreibend.

Je mehr Daten Sie in Ihrem Szenenplan sammeln, desto besser.

Sammeln Sie so viele Daten wie möglich. Sie werden sehen, dass die Ausarbeitung der einzelnen Szenen dann viel leichter fällt, als wenn Sie auf der Basis vager oder ungenauer Angaben voranzukommen versuchen.

Schauen wir uns auch hier ein konkretes Beispiel aus unserem Romanprojekt an. Nehmen wir die bereits erwähnte kurze Szene, die schildert, wie Anne und Peter gemeinsam zum Kanal fahren. Was sollte in dem Plan für diese Szene enthalten sein?

- Handlungsverlauf
  Anne und Peter machen einen Ausflug zum Kanal. Die Szene beginnt, als sie bereits unterwegs sind, und sie endet mit der Ankunft am Ziel. Zwischendurch gibt es Streit wegen Nebensächlichkeiten (Peters Fahrweise, Musik aus dem Autoradio).
- Figuren
  Anne und Peter treten auf.
  Wichtig ist hier: Diese Szene markiert den ersten Auftritt von Peter, das heißt, es ergeben sich die ersten Möglichkeiten, ihn (allerdings aus Annes Sicht) zu charakterisieren.
  Bestimmte Details sollten herausgehoben sein: Augenfarbe, Dreitagebart, Kleidung (Jeans, dicke Jacke) nicht mehr neu, oft getragen. Vielleicht erster Hinweis auf die Mütze, die er gern trägt und die Anne überhaupt nicht gefällt. Er raucht, was Anne ebenfalls nicht mag.
- Handlungsort
  Automarke bestimmen, eventuell Besonderheiten (Cabrio, ungewöhnliche Lackierung, Rost usw.). Das Auto ist nicht mehr neu und auch nicht besonders gut gepflegt (überquellender Aschenbecher, es riecht nach kaltem Rauch). Man soll merken, dass Peter keinen Wert darauf legt (was zu seiner Persönlichkeit passt), Anne sich jedoch daran stört. Das Autoradio spielt laut; Anne mag die Musik nicht.
  Vorbeiziehende Landschaft: Anne sollte das eine oder andere Detail registrieren (breite Ausfallstraße, noch

wenig Verkehr, graue Vorortbebauung). Sie sollen eingesetzt werden, um Annes Stimmung zu bebildern.

- Handlungszeit
  Vormittag, kurz nach neun Uhr; es ist sonnig und kalt. Die Fahrt dauert etwa eine halbe Stunde.
- Besondere Merkmale der Szene
  Es gibt keine Szeneneinleitung; die Handlung startet direkt, die Fahrt hat bereits begonnen. Ein Dialog kommt nicht recht in Gang. Anne spricht wenig, denn sie hat ja eigentlich keine Lust, den Ausflug zu unternehmen, und wäre lieber zu Hause geblieben. Bestimmte Gedanken sollen ihr durch den Kopf gehen. Sie soll sich überlegen, wie sie es am besten anstellt, mit Peter zu sprechen. Peter versucht, eine gute Stimmung zu schaffen, und redet zu Beginn etwas mehr (nichts Wichtiges, eher belanglose Sätze), dann schweigt auch er die meiste Zeit. Dafür schaltet er das Autoradio ein. Sein Fahrstil zeigt, dass er über Annes Verhalten nicht gerade erfreut ist. Er fährt aggressiv, was Anne wiederum bemängelt. Zum Schluss wird gar nicht mehr gesprochen. Sie erreichen schweigend das Ziel. (Die Dialogführung muss diese Entwicklung nachzeichnen!).

So weit unser Beispiel, wie man die Skizzierung einer Szene innerhalb des Szenenplans anlegen könnte. Die Auflistung ist sicherlich noch nicht vollständig, aber die Schwerpunkte sind gesetzt.
Neben einer Skizzierung der einzelnen Szenen beschreibt der Szenenplan ihre genaue Reihenfolge und Position im Geschehensablauf und legt auf diese Weise die Szenenabfolge lückenlos fest. Wie Sie den Plan formal gestalten, bleibt Ihrer Fantasie überlassen. Sie können mit einer großformatigen Übersicht arbeiten, die Ihnen die gewählte Szenenreihenfolge auf einen Blick

zeigt. Genauso gut können Sie Karteikarten benutzen, auf denen jeweils eine Szene beschrieben ist. Mit diesen ist es möglich, Alternativen auszuprobieren, solange Sie noch keine Szenenreihenfolge festgelegt haben. Unabhängig davon, welche Form Sie wählen: Unterschätzen Sie die Wichtigkeit eines solchen Szenenplans nicht.

Schon *ein* Handlungsfaden allein ist komplizierter in Szenen umzusetzen, als Sie denken. Ganz zu schweigen von vielschichtigen, auf mehreren Ebenen ablaufenden Handlungen mit verschiedenen Strängen. Es ist bekannt, dass viele erfahrene und erfolgreiche Schriftsteller hierzu einen großformatigen Plan erstellen. Diesem Vorbild sollten gerade weniger erfahrene Autoren und Anfänger folgen, bietet ihnen der ausführliche Szenenplan doch eine unverzichtbare Orientierungshilfe bei der Ausarbeitung der Szenen.

Ein Szenenplan ist kein Korsett. Er soll weder einengen noch die Fantasie beschneiden.

Oft taucht jedoch das Argument auf, jeder Szenenplan stelle ein Korsett dar, das einengt und die gestalterische Fantasie beschneidet. Darauf kann aus Erfahrung nur entgegnet werden, dass mangelnde oder gar fehlende Szenenplanung Sie unweigerlich in Schwierigkeiten bringen wird. Der Romaneinstieg und die ersten Handlungsabschnitte mögen ja noch sitzen. Doch spätestens dann, wenn es kompliziert wird, werden Sie merken, dass Sie sich in eine Sackgasse hineingearbeitet haben. Im schlimmsten Fall müssen Sie dann wieder von vorn anfangen. Betrachten Sie den Szenenplan deshalb als hilfreiche Stütze, Modifikationen sind selbstverständlich möglich. Es ist nur natürlich, dass Sie bei der Ausarbeitung der Szenen auf eine neue und vielleicht noch bessere Variante stoßen. Probieren Sie aus, und wägen Sie in Ruhe ab, welche der Möglichkeiten am besten passt.

Arbeiten Sie nach dem Motto: Besser ein Planungsschritt zu viel als einer zu wenig. Der Mehraufwand wird sich auszahlen.

Kommen wir nun zum Abschluss und fassen zusammen: Jeder Romantext, unabhängig von Thema und Genre, muss gebaut werden. Die letztendliche Version des Szenenplans ist in der Regel das Ergebnis vieler Arbeitsschritte, die – das liegt in der Natur der Sache – nicht alle zum Ziel führen. Lassen Sie sich Zeit bei diesem Planungsschritt und probieren Sie Varianten aus. Seien Sie offen für Änderungen. Kein Bauplan steht schon nach dem ersten Versuch.
Gehen Sie schrittweise vor und seien Sie sich über Funktion und Wirkungsweise der Hilfsmittel für das Ordnen Ihres Stoffes – Auslassung, Raffung, Dehnung, Vorausblick und Rückblick – im Klaren. Dann wird Ihre Planung Erfolg haben und die anschließende Ausarbeitung der einzelnen Szenen geht Ihnen leichter von der Hand.

3. Wie Figuren lebendig werden

Er war 1,80 m groß, breitschultrig und Ingenieur.

Im täglichen Leben nehmen unsere Mitmenschen eine zentrale Rolle ein. Sie sind das bestimmende Element unseres Lebens schlechthin. Ähnlich ist es in einem literarischen Text. Personen geben nicht nur oft die Ausgangsidee zu einer Geschichte, sie bestimmen auch weitgehend die Story. Um sie dreht sich im Grunde alles, denn sie tragen die Konflikte aus, und ohne diese funktioniert keine Geschichte.

Deshalb müssen Sie den Personen in Ihrem Text besondere Aufmerksamkeit schenken. Bei der Planung haben Sie also schon Ihre Personen festgelegt und Haupt- sowie Nebenfiguren bestimmt. Sie haben sowohl Porträts von ihnen erstellt als auch Überlegungen über ihr Aussehen und ihre Herkunft und vor allem über ihre Probleme und Konflikte angestellt. Die wichtigen Personen Ihrer Geschichte haben Sie also klar vor Augen, ihren Charakter und ihre Persönlichkeit, eben das, was einen Menschen auszeichnet. Im literarischen Zusammenhang sprechen wir besser von Figuren. Denn in einem fiktionalen Text können auch Tiere oder Gegenstände – in Märchen oder Fantasygeschichten –, aber auch außerirdische Wesen – in Science-Fiction-Texten – die Rolle des Menschen einnehmen.

Figuren entwickeln sich langsam

Was macht eigentlich eine Persönlichkeit, einen Charakter aus? Natürlich die speziellen, individuellen

Eigenschaften, das Verhalten und Empfinden eines Menschen. Sie bestimmen, wie wir ihn wahrnehmen. Ist jemand nervös oder eher ruhig, ist er höflich oder schroff, müde oder unternehmungslustig? Alle diese möglichen Merkmale, die Sie bereits gesammelt und aufgelistet haben, müssen nun zu Papier gebracht werden. Was Sie in Ihren Figurenporträts skizziert haben, muss im Text irgendwie beschrieben werden – und mehr noch, Sie müssen dies mit Leben füllen. Unter anderem heißt das, dass diese Informationen in ein Geschehen hineinplatziert werden müssen. Zum Beispiel kann im Text die vorher festgelegte Eigenschaft, *der Mörder ist ein großer Mann*, mit einer bedrohlichen Situation verknüpft werden: *Eine riesige Gestalt trat aus dem Schatten der Eingangstür.* Es müssen also verschiedene Elemente und Aspekte einer Figur miteinander in Verbindung gesetzt werden. In unserem kleinen Beispiel sind das Größe und Verhalten der Person. Ein anderes Mal kann es vielleicht die Aussage, die Rede einer Figur in Verbindung mit einem charakteristischen Gesichtsausdruck oder einer typischen Geste sein. Dieses Zusammenspiel macht eine Figur erst zu dem, was sie als lebendiges Individuum auszeichnet, was sie unverwechselbar, wiedererkennbar und voraussehbar macht. Das gilt übrigens für den Mitmenschen im wirklichen Leben ebenso wie für die Figur einer Geschichte.

Im realen Leben sind die genannten Eigenschaften untrennbar und selbstverständlich in einer Person vereint. Wir sehen sofort, ob ein Mensch schmutzig ist. Wir riechen unwillkürlich sein Eau de Toilette oder hören seine tiefe angenehme Stimme, ohne dass wir uns dies extra bewusst machen müssen. In einem Text muss das alles jedoch konkret wiedergegeben werden.

Ihre Aufgabe ist es also, die Figuren so zu gestalten, dass sich der Leser ein Bild von ihnen machen kann.

Zeichnen Sie Ihre Figuren im Text bewusst, damit sie für den Leser unverwechselbar, wiedererkennbar und nachvollziehbar werden.

Das Zeichnen der Figuren ist eine zentrale Aufgabe des Autors. Unabhängig davon, ob es sich dabei um reine Erfindung handelt, die literarische Figur an eine reale Person angelehnt oder vielleicht sogar mit dem Autor identisch ist. Oft tauchen Probleme beim Verständnis von Figuren auf, weil Autoren glauben, dass, wenn *ihnen* eine Figur klar ist, dies auch für den Leser gilt. Doch der versteht sie nur in dem Maße, in dem sie vom Autor dargestellt, geschaffen und gebaut werden. Zu Anfang sind die Personen immer unbeschriebene Existenzen, die erst mit der Schilderung des Autors in der Vorstellung der Leser zu wachsen beginnen. Ein Grundsatz bei der Figurenzeichnung – und beim Schreiben allgemein – lautet deshalb:

Alles, was Sie über Ihre Figuren schreiben, hat Bedeutung und Gewicht – was nicht dasteht, ist auch nicht vorhanden.

Wie Sie nun Ihre Figuren im Text lebendig machen können und welche erzählerischen Mittel Ihnen dafür zur Verfügung stehen, wollen wir im Folgenden betrachten.

Es dreht sich dabei immer um die Frage: Wie kann eine Figur mit allen ihren verschiedenen Eigenschaften und Facetten so aufs Papier gebracht werden, dass der Leser sie versteht?
Natürlich wird dies in jedem Text anders aussehen – je nach Inhalt, Ausrichtung und Aussage der Geschichte. Trotzdem gibt es ein Instrumentarium für die Darstellung von Figuren, das unabhängig von der Art des Textes – seiner Gattung, Story – zur Verfügung steht. Uns geht es hier darum, die grundlegenden Möglichkeiten der Figurenzeichnung darzustellen und dabei zu zeigen, wann welche Art der Darstellung besser oder schlechter geeignet ist.
Nehmen wir folgendes Beispiel einer Kindergeschichte, eines Romans. Er handelt davon, dass der achtjährige Held zusammen mit seinen beiden Freunden, einem Hund und einer Katze, von zu Hause ausreißt. Und zwar, weil er nach den Ferien mit seiner Mutter in die Nähe des Arbeitsortes des Vaters ziehen soll und diese zwei einzigen Freunde zurücklassen müsste. Das möchte er mit allen Mitteln verhindern.
Es heißt oft: Figuren sollen immer *eingeführt* werden. Was bedeutet das? Ist es vielleicht so zu verstehen?

Ben war acht Jahre alt und lebte mit seiner Mutter und seiner Großmutter in einem Haus auf dem Land nahe am Wald. Sein Vater arbeitete für ein Jahr in Saudi-Arabien. In der Schule hatte er kaum Freunde. Aber er hatte ja seine beiden treuen Begleiter Bruno und Felix, mit ihnen bildete er einen Geheimbund.
Gerade rief seine Großmutter nach ihm. Sie nannte ihn immer Benni, was ihn normalerweise störte, denn er wollte lieber Ben genannt werden.

Nun ist Benni eingeführt und alle Merkmale sind abgehakt. Aber könnte eine solche Einführung nicht auch anders aussehen? Müssen gerade diese trockenen Daten vorweg aufgelistet werden? Könnten wir nicht einen etwas individuelleren Einstieg finden? Denn schließlich bleibt uns einen ganzen Roman lang die Gelegenheit, Infos über Benni an den Leser zu geben:

Eigentlich hieß Ben ja Benjamin. Seine Großmutter nannte Ben aber immer Benni. Ben gefiel sein Name überhaupt nicht. Er hätte sich am liebsten Robin genannt, wie Robin Hood. Auch Beate, Bens Mutter, nannte Ben Benni. Und Ben nannte seine Mutter Beate, weil das nicht so kleinkindhaft klingt wie Mama, fand Ben. Bens Vater, der seit einem Jahr in Saudi-Arabien als Ingenieur arbeitete, nannte ihn in seine Briefen immer »mein Sohn«. Und in der Schule nannten ihn alle Benjamin.
Nur für Bruno und Felix, die zwei Freunde aus dem Geheimbund, war Ben immer Ben …

Auf den ersten Blick erscheint dieser Anfang besser. Jedenfalls erfüllt er eher als die erste Variante einige wichtige Funktionen des Textanfangs. Die Hauptfigur Ben wird eingeführt und ebenso einige wichtige Nebenfiguren wie Großmutter, Mutter, Vater und die zwei Freunde. Ein Problem wird bereits angedeutet, Ben möchte mehr als Erwachsener behandelt werden. Dies alles wird an ein Motiv geknüpft: den Namen der Hauptfigur. Das klingt, wie gesagt, recht gut. Dennoch könnte diese Passage sicher noch verbessert werden – meinen wir. Probieren wir eine weitere Überarbeitung:

»Benni!«
Das war Großmutter, die aus dem Haus rief. Eigentlich hieß er ja Benjamin, aber Großmutter nannte ihn immer »Benni«. Das gefiel ihm genauso wenig wie Benjamin. Aber zu Oma passte es eigentlich, wenn sie »Benni« rief, sie war eben eine Großmutter.
»Komme gleich!«, rief Ben zurück und beeilte sich, den Napf mit frischer Milch zu füllen.
Er selbst hätte sich am liebsten Robin genannt, wie Robin Hood, oder wenigstens Ben. Das würde viel besser zu ihm passen, fand er. Aber seine Mutter lachte nur darüber. Sie nannte Ben auch Benni. Und Ben nannte seine Mutter Beate. Das gefiel ihm besser als Mama, es klang nicht so babymäßig, fand Ben. Schließlich war er schon acht. Bens Vater nannte Ben in seinen Briefen aus Saudi-Arabien immer »mein Sohn«. Bens Vater arbeitete seit einem Jahr in Saudi-Arabien als Ingenieur auf einer großen Baustelle. Bevor er dorthin gegangen war, hatte er wahrscheinlich auch Benni gesagt. Ben wollte nie Ingenieur werden, das hatte er längst beschlossen. Da war man immer auf großen Baustellen, die weit weg waren und man musste ziemlich gut rechnen können, doch das konnte Ben nicht. Nein, Rechnen war nicht gerade seine Stärke. Er las lieber spannende Abenteuergeschichten. In der Schule nannten ihn alle Benjamin. Nur für Bruno und Felix, seine zwei Freunde aus dem Geheimbund, war Ben immer Ben.
»Benni, wo steckst du denn schon wieder!«…

Zunächst fällt auf, dass die Passage nun in eine andere Szenerie eingebettet wurde, und zwar in eine aktive

Handlung. Das geht mit einem Prinzip der Figurenzeichnung konform, dass die Beschreibung einer Figur nie von der Situation losgelöst sein sollte. Wichtig ist immer der Bezug zur gegenwärtigen Handlung, zum Kontext. Selbstverständlich ist es, wie in der ursprünglichen Fassung, auch möglich, Informationen über eine Figur ohne eine direkte Handlung einzubauen. Besonders eignen sich hierzu Text- oder Szenenanfang. Anschaulicher wird das Ganze aber, wenn die Informationen innerhalb einer Situation gegeben werden, die etwa mit momentanen Problemen oder Stimmungen der Figur in Verbindung steht. Wie in der letzten Überarbeitung: Die Informationen, wie Ben von verschiedenen Leuten genannt wird, ist in eine ablaufende Handlung integriert – die Großmutter ruft nach Benni.
Das vorherige Textbeispiel war allerdings auch nicht ganz ohne Anbindung an ein Geschehen. Auch dort wurde vom Namen »Ben« auf die zwei Freunde übergeleitet, mit denen die Geschichte fortgeführt wird. Die Situationsbindung der neuen Fassung ist jedoch durch die direkte Rede bedeutend stärker ausgeprägt. Die Großmutter bringt damit nicht nur den Namen Bens »zur Sprache«. Der Leser hat auch eine Situation, eine Handlung vor Augen.
Und genau das ist Ihre Aufgabe: dem Leser ein lebendiges Bild Ihrer Figuren zu vermitteln.

Die erzählerischen Mittel der Figurenzeichnung helfen Ihnen, Ihre Figuren lebendig zu machen.

Der Eigenname einer Person ist bereits ein Mittel der Figurenzeichnung. Dies weiß auch unser Held Ben, deshalb möchte er auch nicht Benjamin oder gar Benni genannt werden. Die Zeichnung einer Figur beginnt also bereits bei der Namensgebung. Einem Namen haftet immer eine charakterisierende Bedeutung an, wenn auch im richtigen Leben eher zufällig und willkürlich. In fiktiven Geschichten sollten Sie diesen Umstand aber berücksichtigen und bewusst nutzen. Ob jemand Herta, Susi oder Angélique heißt, macht eben einen Unterschied. Bezeichnungen wie Mutter, Mama, Frau Sommer oder Beate drücken unterschiedliche Einstellungen und Vorstellungen aus, wie auch der Name Ben. Namen lenken die Aufmerksamkeit des Lesers immer in eine bestimmte Richtung und können deshalb unter Umständen auch etwas über besondere oder typische Eigenschaften einer Figur ausdrücken – etwa »Frau Schönleben«. Bei solchen sprechenden Namen sollte man sich aber nicht verkünsteln. Allzu viel kann hier schnell aufgesetzt wirken. Ob man sprechende Namen überhaupt einsetzt, ist wieder einmal eine grundsätzliche Frage und hängt vom Text und der Gattung ab. In einer ironischen Geschichte kann es als Stilmittel der Übertreibung sehr passend sein, in einem nüchternen und objektiven Text dagegen nicht. Ein Name sollte in fiktiven Geschichten aber immer einer Absicht folgen und zum Thema und natürlich zur Figur passen.

Nutzen Sie allgemeine Vorstellungen, die man mit Eigennamen verbindet, wenn Sie Ihre Figuren zeichnen.

Wir haben bereits erwähnt, dass Sie eine größere Anschaulichkeit Ihrer Figuren erzielen, wenn Sie mehr

aktive Handlung in Ihre Beschreibungen einbauen. Eine Figur zeichnet sich immer besonders durch ihr Verhalten in einer bestimmten Situation aus. Es charakterisiert die Person, und die Beschreibung wirkt anschaulicher. Dadurch bleibt sie dem Leser besser in Erinnerung. Sie als Autor sind natürlich dafür verantwortlich, dass überhaupt erst eine solche Entsprechung zwischen Charakter und Verhalten besteht. Dafür sollten Sie ja bereits in Ihrer Textplanung gesorgt haben – zumindest was die wichtigen Figuren anbelangt.
Betrachten wir zur Verdeutlichung noch ein weiteres Textbeispiel:

Ernst betrat das Zimmer. Er war ein ängstlicher und verklemmter Mensch. Sein Verhalten war zögernd und bisweilen etwas verstohlen und linkisch. Auch wollte er am liebsten gar nicht bemerkt werden. Er war geradezu menschenscheu.

Wenn Sie diese resümierende Charakterisierung nur mit etwas Handlung versehen, wird daraus eine vorstellbare(re) Figurenzeichnung. Die folgende Überarbeitung enthält die gleichen Informationen, die durchaus einfach aufgezählt werden (*er war schon immer eine verklemmte Person*), aber die konkrete Handlung vermittelt einen bildhaften Eindruck:

Ernst betrat zögernd das Zimmer. Verstohlen und ein wenig linkisch blickte er sich um. Er war schon immer eine verklemmte Person, geradezu menschenscheu, dieses Mal aber gab es einen Grund für seine Ängstlichkeit. Er wollte auf keinen Fall bemerkt werden, wenn er das Kuvert mit der Kündigung auf den Schreibtisch legte…

Sie müssen sich bei der Figurenzeichnung also mit der Frage beschäftigen, wie ein Charakter oder eine Eigenschaft konkret dargestellt werden kann. Wie verhält sich eine *verklemmte* Person gewöhnlich? Ist die Person etwa auch in anderen Situationen *verklemmt* und wie verhält sie sich dann? Wenn Ihnen dazu passende Antworten oder Situationen einfallen, wird Ihre Figurenzeichnung prägnant und einprägsam. In jedem Fall wird sie anschaulicher, als es jede allgemeine und losgelöste Beschreibung sein kann. Das Verhalten der Figur in einer konkreten Situation ist deshalb das vielleicht wichtigste Mittel der Figurenzeichnung.

Machen Sie Ihre Figuren durch konkretes Handeln in einer Situation lebendig.

Viele Autoren listen Merkmale und Eigenschaften von Figuren einfach auf. Das simple Benennen bestimmter Charakterzüge ist die einfachste Methode der Figurenzeichnung. Sie gibt dem Leser einen schnellen Überblick über eine Figur: *Er ist verklemmt, schüchtern, unauffällig und voller Komplexe.* Doch solche resümeeartigen Zusammenfassungen entwerfen eben nur den ersten Eindruck, die Skizze eines Charakters, die allerdings immer unkonkret ist. Denn jeder kann sich darunter etwas anderes vorstellen. Zudem sind sie abstrakt und erzeugen deshalb noch keine wirkliche Vorstellung von einer Person, deren Situation oder deren Problemen etc. Aus diesem Grund prägen sie sich auch nicht ein. Sie sollten außerdem beachten, dass diese Kurzcharakterisierungen immer irgendeine Wertung enthalten. Überlegen Sie, wer eine solche Aussage im Text trifft, *eine verklemmte Person, ein doofer Typ*, und ob diese Bewertung etwa seitens eines distanzierten Erzählers überhaupt berechtigt ist. Der wertende Charakter macht deutlich, warum solche Aufzählungen nicht isoliert stehen, sondern immer belegt werden sollten – etwa durch andere Mittel der Figurenzeichnung wie die Darstellung des Verhaltens. Sonst sind es nur Behauptungen oder Interpretationen, die der Leser einfach glauben muss – was er im Zweifelsfall nicht tut.

Mit resümeeartigen Aufzählungen von Eigenschaften umreißen Sie eine Figur; sie vermitteln dem Leser damit aber noch keinen nachhaltigen Eindruck.

Figuren sollen immer einen plastischen Eindruck beim Leser hinterlassen; sie sollen jederzeit präsent sein und der Leser soll mit ihnen mitleben können. Dazu reichen resümierende Beschreibungen und allgemeine Aussagen allein nicht aus. Zu diesen gehören auch floskelhafte Ausdrücke wie etwa: »sein Gesicht sprach Bände« oder »er war sichtlich bestürzt«. Solche Redewendungen sind äußerst beliebt und werden von vielen Autoren – vielleicht zur sprachlichen Auflockerung – anscheinend beliebig im Text eingestreut. Sie sollten jedoch tunlichst vermieden werden, denn sie sind nichtssagend. Der Autor drückt sich hier um eine konkrete Beschreibung des Verhaltens oder des Aussehens. Die Aussage »bestürzt« ohne eine konkrete Darstellung dieser Gemütsbewegung vermittelt reichlich wenig Eindruck. Der Protagonist könnte hier ebenso blass werden und verstummen wie rot werden und aufbrausen. Und wenn schon ein Wort wie »sichtlich« verwendet wird, dann sollte das Entsprechende auch »sichtbar« sein oder vom Autor sichtbar gemacht werden. Verwenden Sie solche Floskeln also nie unüberlegt und ohne zusätzliche Darstellung.

Wenn wir nochmals auf unsere Ben-Geschichte zurückkommen, so stellen wir fest, dass in gewisser Weise auch die dritte Variante eine solche Nennung oder Aufzählung darstellt. Anhand verschiedener Namensnennungen werden verschiedene Figuren kurz vorgestellt, charakterisiert und aus Bens Blickwinkel auch bewertet. Aber es ist keine reine Nennung, sondern hier kommen noch weitere Mittel der Figurenzeichnung zum Einsatz.

Der Name fungiert in unserer Szene mit Ben als allgemeiner Aufhänger, als Motiv, um eine Reihe von Informationen über verschiedene Figuren zu geben. Dem Leser wird mithilfe des Namens ein Bild dieser Personen vermittelt, und zwar je nachdem, wie sie Ben nennen. Sie werden dadurch – aus Bens Sicht – miteinander verglichen und beurteilt. Man könnte sagen, die Figuren werden dadurch ausgedeutet oder illustriert. Solche Illustrationen – in Form von Bildern, Vergleichen etc. – stellen eine weitere Möglichkeit der Figurenzeichnung dar. Dadurch sollen Eigenschaften, Befindlichkeiten oder wie hier die Einschätzung einer Figur verdeutlicht beziehungsweise begreiflich gemacht werden. Neben dem Namen kommen in unserer Passage noch andere Illustrationen vor: der Vergleich mit *Robin Hood* oder etwa der mit einem Baby. Solche Vergleiche und Bilder sind mehr als nur schmückendes Beiwerk. Sie machen Figuren (-zeichnungen) erst wirklich anschaulich. Suchen Sie deshalb immer nach passenden Bildern für ihre Figuren. Kann man das Verhalten einer verklemmten Person vielleicht mit einem Tier vergleichen? Beim Illustrieren von Figuren ist Fantasie und Originalität gefragt. Hier können Sie Ihre Kreativität unter Beweis stellen, denn nicht zuletzt tragen Bilder und Vergleiche einen wesentlichen Teil zum Erzählstil und zur »Kunst der Erzählens« bei.

Bilder und Vergleiche sind mehr als nur schmückendes Beiwerk. Sie machen Ihre Figuren anschaulich und prägen Ihren Erzählstil.

Die Informationen, die wir in der Ben-Geschichte über die Figuren bekommen, bestehen vor allem aus einer Einschätzung der Hauptfigur Ben. Es wird erzählt, wie Ben über die verschiedenen Leute, die zentralen Figuren im Text, denkt. Unter diesem Aspekt werden sie in die Geschichte eingeführt: Erste Andeutungen über ihr Wesen und ihre Rolle im Text werden mithilfe des Namens gemacht. Die Quintessenz ist, dass alle Figuren, außer seinen zwei Freunden, Ben falsch ansprechen. Seine Interpretation sieht in etwa so aus: Die Großmutter ist noch ganz in Ordnung, von ihr kann man nicht mehr erwarten. Die Mutter hingegen erfüllt seine Erwartungen nicht und der Vater schon gar nicht. Er kommt in der Beurteilung am schlechtesten weg mit seinem *mein Sohn*. Und das aus gutem Grund, denn er ist der Auslöser für Bens Probleme im weiteren Verlauf der Geschichte. Es wird indirekt angedeutet, dass Ben zum Vater ziehen und seine Freunde zurücklassen soll. Auf diese Weise werden der Hauptkonflikt und damit auch das Thema der Geschichte vorbereitet.

In der kurzen Passage erhält der Leser also schon eine Reihe von Informationen. Und zwar auch über die Probleme und die Gefühlslage der Figuren – Ben fühlt sich beispielsweise von niemandem verstanden. Diese innere Befindlichkeit wird zumindest angedeutet.

Das Innere einer Figur ist ein zentraler Aspekt der Figurenzeichnung. Die Gefühlswelt hängt immer eng mit Charakter und Persönlichkeit zusammen und bestimmt maßgeblich das (äußere) Verhalten von Personen und damit auch das Geschehen im Text. Sie gibt quasi vor, wie sich jemand in einer bestimmten Situation grundsätzlich verhalten wird. Das zeigt auch unser Beispiel mit der *verklemmten Person.* Eine solche Figur wird dem Chef die Kündigung nicht auf den Tisch knallen, sondern sie in einer günstigen Gelegenheit verstohlen auf den Schreibtisch legen. Auf diese Weise bestimmen die inneren Merkmale die Charaktereigenschaften einer Figur und letztlich sogar die Handlung und den Verlauf einer Geschichte. Zumindest gilt dies für alle zentralen Figuren. Das zeigt wieder einmal, wie gut Sie Ihre Figuren kennen müssen, damit die Geschichte funktioniert.

Das Pendant zu den Gefühlen ist die äußere Erscheinung einer Figur. Sie spielt im Ben-Text kaum eine Rolle. Hier erfahren wir nichts über das Aussehen der Figuren. Einige Informationen über äußere Merkmale enthält die Passage aber dennoch. Die Verwandtschaftsverhältnisse – Großmutter, Mutter, Vater, Freunde – und Bens Alter werden angesprochen. Und noch eine weitere Information taucht auf, die vielleicht zum Äußeren gezählt werden könnte: der Beruf des Vaters ist *Ingenieur.* Er deutet eine gewisse Abgrenzung zu Ben an. Denn der ist kein guter Rechner, was eine Disziplin des Ingenieurs ist, aber dafür liest er gerne. Auch das verweist wieder indirekt auf eine innere Einstellung.

Diese eher sparsame Handhabung der äußeren Beschreibung sagt aber noch nichts über deren Wichtigkeit aus. Sie hängt ganz allgemein von der jeweiligen Situation ab. In bestimmten Textpassagen kann das äußere Erscheinungsbild durchaus eine zentrale Stellung einnehmen. Eine Mordszene kann beispielsweise ihre Spannung durch die Beschreibung des Mörders erhalten: *Der Umriss einer riesigen Gestalt löste sich aus dem Schatten des Eingangs…* Die äußere Erscheinung kann aber auch, wie in unserem Textbeispiel mit Ben, eher unwichtig sein. Es wäre sicher uninteressant und sogar störend, wenn sich der Autor in dieser Szene etwa über die Größe oder die Kleidung der Großmutter auslassen würde. Das würde keinen Beitrag zum gegenwärtigen Geschehen leisten und weder Bens Stimmung noch sein Problem in dieser Situation in der Darstellung zusätzlich unterstützen.
Aussehen, Alter, Beruf und andere Äußerlichkeiten sollten aber ganz allgemein eine über den eigentlichen Informationscharakter hinausgehende Bedeutung haben. Sonst sind sie oft wirkungslos und überflüssig. Sie sollten die Situation, in der sich die Figur befindet, veranschaulichen, zum Beispiel deren Angst. Machen Sie bitte nicht den häufig vorkommenden Fehler, beim ersten Auftreten einer Figur zuerst einmal deren Aussehen und Kleidung zu beschreiben, die Figur »steckbriefartig abzuhaken«. Das wirkt schnell stereotyp, und man hat die Beschreibung ebenso rasch vergessen, wie man sie gelesen hat. Die Maxime lautet auch hier: die richtige Info an der richtigen Stelle!

Beschreiben Sie mit dem äußeren Erscheinen immer auch die Situation der Figur.

Das richtige Platzieren von Informationen hängt vor allem damit zusammen, dass in einem Text immer Platzmangel herrscht. Sie können nie alles erzählen und beschreiben, sondern müssen immer auswählen. Außerdem gilt: Figuren müssen sich entwickeln. Diesem Prinzip der Figurenzeichnung würde eine komplette Beschreibung widersprechen.
Schreiben ist wie Lesen immer ein chronologischer Prozess. Sie können nicht alles auf einmal und zugleich sagen, hören, lesen. Deshalb kann auch eine Figur nicht auf einmal – zum Beispiel beim ersten Auftreten – komplett gezeichnet werden. Es wurde bereits angedeutet, dass viele Autoren neue Figuren in einem Text gleich möglichst umfassend beschreiben wollen. Manchmal geschieht dies in bestimmten Teilbereichen: Entweder wird die gesamte äußere Palette beschrieben oder ein Abriss des Charakters einer Figur geliefert. Dahinter steht wahrscheinlich die Vorstellung, dass dieser Bereich damit abgehakt ist und deshalb nie wieder im Text erwähnt werden muss. Figurenzeichnung heißt aber genau das Gegenteil: Eine Figur muss eingeführt und – davon ausgehend – weiterentwickelt werden.
Zudem hängt es von der Situation ab, was wann von einer Person geschildert werden sollte. Im wirklichen Leben lernen wir Menschen ja auch erst nach und nach kennen. Lassen Sie sich also Zeit mit der Beschreibung Ihrer Figuren. Bei Hauptfiguren haben Sie in jedem Fall Zeit – Nebenfiguren müssen nicht so ausführlich beschrieben werden.
Um die Spannung aufrechtzuerhalten sollte eine (Haupt-) Figur sogar erst mit dem letzten Satz des Textes vollständig gezeichnet sein. Sobald eine Figur vollkommen und komplett dargestellt ist, wird sie auch berechenbar – und damit schnell langweilig.

Schließlich geht es in einer Erzählung ja gerade darum, die Veränderung einer Figur darzustellen. Geschichten beinhalten immer Konflikte. Um diese bewältigen zu können, müssen sich die Figuren verändern – in Verhalten, Denken etc. Ob ihnen das gelingt, wird immer erst am Höhepunkt, also am Ende des Textes, entschieden.

Führen Sie Ihre Figuren ein und entwickeln Sie sie so weiter, dass wie in einem Mosaik nach und nach ein Bild entsteht.

In unserer Ben-Geschichte geht es beispielsweise um eine sehr grundsätzliche Veränderung, um das Erwachsenwerden – übrigens ein häufiges Thema in Kindertexten. Ein Teil dieser Entwicklung wird im Text dargestellt: Ben reißt von zu Hause aus und versucht wie ein Erwachsener seinen eigenen Weg zu gehen. Dabei macht er Erfahrungen, lernt neue Freunde, aber auch Gefahren kennen. Das alles verändert ihn und lässt ihn ein Stück reifer werden. Und am Ende sieht er sein Problem auch etwas anders und zieht schließlich gerne zu seinem Vater nach Saudi-Arabien.
Das ist die grobe Entwicklung innerhalb der Geschichte. Ablesbar ist sie an den konkreten Verhaltensweisen und Eigenschaften der Hauptfigur, die im Text ständig gezeichnet werden müssen. Eine solche Figurenentwicklung weist jeder Text mehr oder weniger auf. Um überhaupt einen Entwicklungsbogen zu schaffen, müssen Sie sich die Veränderungen der Figuren überlegen und dann konkret im Text aufzeigen. Machen Sie sich bereits während der Planung im Einzelnen bewusst, worin die Wandlung Ihrer Figur besteht. Ben wird von

seiner Familie falsch angesprochen und er *spricht* zu Beginn der Geschichte kaum mit seinen Angehörigen. Er bevorzugt seine zwei Freunde, die »richtig« mit ihm sprechen. Am Ende jedoch *spricht* er nicht nur mit den Eltern, sondern *versteht* sie auch. Und sein Vater *nennt ihn* am Ende tatsächlich *Ben* und nicht mehr *mein* Sohn.

Sie sollten sich aber auch überlegen, was sich an einer Figur *nicht* ändert. Bestimmte Eigenschaften müssen gleich bleiben, selbst wenn sich die Persönlichkeit verändert. Markante Verhaltensweisen wie typische Bewegungen, Ausdrucksweisen oder Ticks müssen die ganze Geschichte über konstant bleiben. Nur dann hat der Leser auch den Eindruck, dass es sich immer (noch) um die gleiche Person handelt. Das entspricht im Übrigen auch der Realität. Menschen ändern sich nie komplett, außer eine krankhafte Entwicklung findet statt. In der Regel werden sich oberflächliche Merkmale eher ändern als grundlegende. Die Rolle dieser integrierenden Bestandteile einer Persönlichkeit wird oftmals unterschätzt und zu wenig oder gar nicht beachtet. Ben ist am Ende der Geschichte beispielsweise immer noch kein guter *Rechner*, er *liest* immer noch lieber und *schreibt* dann seinen Freunden auch aus Saudi-Arabien.

Sie sollten also weder die beständigen noch die veränderlichen Eigenschaften einer Figur beliebig wählen. Machen Sie sie von der Geschichte abhängig, denn Figurenentwicklung und Geschehensentwicklung sind letztlich ein und dieselbe Sache.

Menschen, das heißt ihr Charakter und ihre Persönlichkeit, zeigen sich nicht nur durch Verhalten, innere Einstellung oder äußeres Erscheinungsbild. Im eigentlichen Sinne drücken wir uns durch Sprache, Mimik und Gestik aus. Solche Merkmale der Figuren bieten sich besonders als die bereits erwähnten bleibenden Elemente an. Eine charakteristische Handbewegung, ein typisches Lachen, ein bestimmtes Zucken des Mundes werden auch dann noch da sein, wenn sich die Person vom Saulus zum Paulus gewandelt hat.

Gerade die Sprache ist ein weitgehend festgeschriebenes Merkmal und sollte im Text entsprechend behandelt und verwendet werden. Jeder Mensch spricht anders. Das muss in unterschiedlichen Sprechweisen seinen Niederschlag finden. Sprache und Reden sind allerdings mehr als nur ein Mittel der Figurenzeichnung. Sie gehören vielmehr zu den prinzipiellen Formelementen des Textes. Näheres dazu finden Sie im vierten Kapitel.

Ähnliches gilt für Gebärden, die einen Menschen ebenfalls charakterisieren. Und zwar vor allem deshalb, weil sie unbewusst, aber permanent mit seinem Auftreten verbunden sind. Gesten und Gebärden sind unsere ständigen Begleiter. Wenn man so will, stellen sie eine eigene Sprache dar, mit deren Hilfe wir uns mitteilen. Oft wird für einen Zuhörer erst deutlich, was wir sagen möchten, wenn wir es mit speziellen Gebärden unterstreichen. Uns allen ist das im täglichen Leben auch durchaus bewusst. Wir setzen bestimmte Gesten bisweilen gezielt ein, um beim Gegenüber einen bestimmten Eindruck zu erwecken. So bemühen wir uns zum Beispiel in einem Vorstellungsgespräch durchaus bewusst um eine bestimmte Sitzhaltung oder einen freundlichen Gesichtsausdruck.

Ernst steht vor dem Chefzimmer, klopft zaghaft an, wartet, rückt seine Krawatte zurecht, streicht mit den Handflächen kurz über sein Sakko. Dann öffnet er leise die Tür, schaut sich scheu um und schleicht ins leere Zimmer.

Wenn wir sprechen, verdeutlichen und kommentieren wir das Gesagte immer mit charakteristischen Handbewegungen, Gebärden, Gesichtsausdrücken, um ihm den nötigen Ausdruck zu verleihen. Das sollte auch im Text so gemacht werden. Überlegen Sie sich passende Ausdrucksweisen und geben Sie diese wieder. So drücken Sie die Befindlichkeit Ihrer Figuren aus, wodurch sowohl ein Dialog als auch das gesamte Auftreten der Figur lebendig und vorstellbar wird:

»Was suchen Sie denn hier?«
Ernst fuhr herum und sah seinen Chef in der Tür stehen. Sein Gesicht verfärbte sich feuerrot, und schnell steckte er das Kuvert, das er gerade auf den Schreibtisch legen wollte, zurück in die Sakkotasche. Die andere Hand griff nach der Krawatte.
»Äh, ja… ich wollte, äh… Sie sprechen.«

Wir werden später noch im Einzelnen sehen, wie solche Gebärden in eine Szene eingebaut werden können.

Verdeutlichen Sie den Charakter und das momentane Befinden Ihrer Figuren durch ihre Sprache und ihre Gesten.

Fassen wir noch einmal kurz zusammen: Die verschiedenen Möglichkeiten, eine Figur zu beschreiben, sollten nicht beliebig eingesetzt werden. Wo genau welche Technik passt, muss gut überlegt sein. Sie sollten ebenso darauf achten, dass Ihre Figuren nicht immer gleich, also mit den gleichen Mitteln, beschrieben werden, dass also beispielsweise die Einführung einer neuen Person nicht immer durch die Beschreibung ihres Aussehens stattfindet. Lassen Sie sich immer wieder etwas Neues einfallen, sonst wirkt Ihr Text langweilig und austauschbar. Ein Mensch erscheint uns im wirklichen Leben ja auch immer dann besonders interessant, wenn uns mit ihm etwas Neues, Unerwartetes, Unverbrauchtes begegnet.

Bei seiner Länge musste er sich wie gewöhnlich bücken, um durch die kleine Tür zu kommen. Aber waren das nicht graue Strähnen, die sich in seinem schwarzen Haar abzeichneten? …

Die neue Erkenntnis lenkt hier die Aufmerksamkeit und deshalb auch die Beschreibung. Anders sieht es aber aus, wenn die vorher beschriebene Person dem Erzähler unbekannt ist:

Er war sehr groß – so groß, dass er sich bücken musste, um durch die Tür zu kommen. Er hatte sehr dunkles Haar mit einigen grauen Strähnen …

Das Prinzip ist das gleiche. Der Fokus der Beschreibung liegt auf dem Neuen und Interessanten. Vor allem Vergleiche und Bilder sollten, um nicht abgedroschen zu wirken, niemals abgegriffen sein. Denn die Wirkung der Figurenbeschreibung hängt auch von deren Originalität ab. Doch wie bei der Namensgebung sollten Sie auch hier nicht übertreiben. Ansonsten können schnell unfreiwillig komische Effekte entstehen: »Sein Mut sank zusammen wie ein Käsesoufflee«.

Die Mittel der Figurenzeichnung sollen zusammenwirken. Sie müssen aufeinander abgestimmt sein, als wichtige Details zur Situation und Handlung passen und diese vorantreiben. Die Darstellungsmittel müssen immer miteinander harmonieren. In der personalen Erzählweise kann es beispielsweise Probleme bereiten, das Äußere der Hauptfigur zu beschreiben. Die Figur muss dann einen Anlass haben, über ihr eigenes Aussehen nachzudenken. Sie kommt beispielsweise an einem Spiegel vorbei und erschrickt über ihr schlechtes Aussehen.
Rufen wir uns nochmals die Ben-Passage und die verwendeten Mittel der Figurenzeichnung in Erinnerung: Eigennamen, Nennung und Aufzählung äußerer sowie innerer Eigenschaften, Bilder und Vergleiche, eine Situation. Diese vielen verschiedenen Einzelbeschreibungen ergeben letztlich ein Bild und eine Vorstellung vom Geschehen und den Figuren.
Wenn Ihnen diese Verbindung gelingt, schaffen Sie auch so genannte stimmige Figuren, denen der Leser folgen kann und will. Er gewinnt den Eindruck, dass die Figuren und ihre Probleme über ihr eigentliches Auftreten, über die Geschichte hinaus leben. Diesen Eindruck sollte der Leser am Ende eines Textes haben.

Beschreiben Sie Ihre Figuren so, dass dabei eine Geschichte entsteht.

Von der Einheit aus Figur und Geschichte hängt ab, wie glaubhaft dem Leser eine Figur erscheint. Nehmen wir den Fall einer älteren Frau, die eine ausgesprochene, ja fanatische Tierliebhaberin ist. Sie lässt ihren Liebling, eine Katze, nach einem überstürzten Umzug in der alten Umgebung zurück. Hier wird sofort klar, dass dieses Verhalten nicht mit der sonstigen Einstellung – die Figur ist ja tierlieb – übereinstimmt. Mancher Autor versucht daraufhin, das Verhalten der Frau zu rechtfertigen. Er will dem Leser plausibel und verständlich machen, dass die Frau aufgrund der beruflichen Situation keine Zeit für die Katze habe, sie in der neuen Umgebung nicht eingewöhnen könne etc. Außerdem wolle sie wegen ihrer Tierliebe die an Auslauf gewöhnte Katze nicht in der neuen Wohnung einsperren. Dafür will sie sie täglich (aus der Ferne) versorgen – und noch weitere Motive für die Frau könnte man sich ausdenken. Es wird dem Autor aber nie so recht gelingen, deren Verhalten mit der Grundeinstellung Tierliebe unter einen Hut zu kriegen. Die Frau wird uns unter der vorgegebenen Prämisse nie glaubhaft erscheinen, weil ihr Verhalten unserer gängigen Vorstellung von Tierliebe grundsätzlich widerspricht. Eine fanatisch tierliebe alte Frau würde alles tun, aber nicht die geliebte Katze allein lassen. In einem solchen Fall nützen noch so viele Gründe, die in die Texthandlung eingebaut werden, nichts. Im Gegenteil, es tauchen fast immer zusätzliche Unverständlichkeiten auf. Warum hat die Frau keine Zeit, die Katze umzugewöhnen, wenn Sie sie täglich versorgen kann? In solchen Fällen müssen Sie eine klare Entscheidung treffen. Entweder Sie ändern die Grundeinstellung dieser Frau, sie ist nicht tierlieb, oder ihr Verhalten, dann lässt sie die Katze nicht zurück.

Achten Sie darauf, dass sich die Einstellung und das Verhalten von Figuren grundsätzlich entsprechen.

Vielleicht erscheint Ihnen dieses Beispiel unrealistisch und konstruiert, ist es aber nicht. Genau solche Fälle begegnen uns immer wieder. Und wahrscheinlich verfolgen Autoren in solchen Fällen eine fixe Idee, die sie um alles in der Welt aufrechterhalten möchten. Das beste Mittel, sich dagegen zu wappnen, ist, sich in die Figur und die Situation, in der sie sich befindet, hineinzuversetzen. Das ist übrigens oft die Lösung für ein Textproblem und darüber hinaus eine grundsätzliche Maxime des Schreibens.

Figuren und Szenerie müssen sich entsprechen

An dieser Stelle wollen wir einen abgeschlossenen Szenenabschnitt betrachten und sehen, wie dort die Mittel der Figurenzeichnung einsetzbar sind. Im Textausschnitt der Urfassung geht es um einen Mann namens Lester Barnes, die Hauptfigur eines Romans, der nach langer Zeit seinen alten Schulfreund Jason Delroy besucht:

Im zweiten Stock eines historischen Ziegelbaus hatte Jason seine Büroräume.

Lester Barnes begrüßte Jason Delroy freudestrahlend. Sie umarmten sich. Jason war einsfünfundachtzig groß, hatte einen leichten Bauchansatz und sein Gesicht wies eine kleine Narbe nahe dem rechten Ohr auf. Seine lockeren, blonden Haare, die ihm bis in den Nacken reichten, verdeckten diese ab und zu. Er hatte strahlend weiße Zähne.

Es waren beinahe fünfzehn Jahre vergangen, seitdem sie sich das letzte Mal die Hand geschüttelt hatten. Auf dem Abschlussball der Highschool. Sie

wollten damals mit demselben Mädchen hingehen. Jason gewann. Lester erschien mit der besten Freundin dieses Mädchens.
»Ist das schön, dich zu sehen, alter Junge«, begrüßte Jason seinen Freund.
»Ich freu mich auch, dich nach so langer Zeit wiederzusehen. Wir haben uns so verdammt viel zu erzählen.«
Jason Delroy nickte freudestrahlend.

In dieser kurzen Szene erfährt der Leser, auch wenn er den Kontext nicht kennt, eine ganze Menge über die zwei auftretenden Figuren. Es ist aber zweifelhaft, ob er sich auch eine wirkliche Vorstellung der beiden Männer und der gesamten Szene machen kann. Wenn ja, wird er diese wahrscheinlich nicht lange im Gedächtnis behalten. Denn der Autor macht hier im Grunde genau das, was es zu vermeiden gilt. Er trennt die Figurenzeichnung vom Handlungsgeschehen.
Besonders durch den blockhaften Beschreibungsteil im zweiten Absatz, in dem das Aussehen des Freundes neutral aufgelistet wiedergegeben wird. Dieser Infoteil wirkt eingeschoben – wie ein Fremdkörper innerhalb der Szene. Die Beschreibungen haben mit der Situation selbst nichts zu tun. Sie könnten deshalb genauso gut an jeder anderen Stelle des Textes stehen. Dies allein ist ein sicheres Zeichen dafür, dass mit der Beschreibung etwas nicht stimmt. Grund genug, die Passage dahingehend zu ändern, Informationen über die Figuren an die Situation zu binden. Der Absatz zeigt aber auch, dass das Aussehen allein eine Figur noch nicht vorstellbar macht. Die Absicht, eine neu auftretende Figur auf diese Weise sofort vollständig einzuführen, scheitert also.

Abgesehen vom eingeschobenen Teil ist die Beschreibung der Figuren auch nicht sehr exakt. Zumindest würden die *strahlend weißen Zähne* besser zu Lester passen, denn nur er zeigt sie in diesem Moment; Jason *freudestrahlt* ja erst später. Außerdem zeugt dieses Um-die-Wette-*Strahlen* nicht unbedingt von Einfallsreichtum. Denn es kommt allein dreimal in dieser kurzen Textstelle vor. Und auch die Redewendung *die Hand schütteln* ist eigentlich deplatziert, denn die beiden Männer *umarmen* sich ja.

Einzig der Hinweis auf den Abschlussball und das Mädchen, bei dem Jason gewann, dürfte dem Leser in nachhaltiger Erinnerung bleiben. Diese Info ist nicht nur deshalb gelungen, weil sie einen Hinweis auf den Charakter Jasons – Frauenheld – gibt, sondern als Rückblick in eine Handlung – Abschlussball – integriert ist. Dadurch werden die verschiedenen Informationen über die gemeinsame Vorliebe und eine gewisse Rivalität der Figuren mit einer konkreten Situation verbunden.

Überarbeiten wir also diese Szene. Sie werden sehen, wie mit etwas mehr Raum mehr Infos verpackt werden können und diese zudem eindrücklicher werden:

Lester sah Jason bereits durch die Glastür seines Büros. Lässig stand dieser neben einem Designerschreibtisch und sprach in ein Handy. Er hatte sich kaum verändert. Er hatte nach wie vor diese verflucht weißen Zähne und die lockeren, blonden Haare, die ihn damals zum Schwarm aller pubertären Mädchen machten. Ein wenig länger waren sie vielleicht. Sie reichten ihm jetzt bis über die Ohren, wo sie aber die Narbe nicht verdecken konnten, die er sich damals beim Baden zugezogen

hatte. Und ein leichter Bauchansatz war zu erkennen. Aber wer hatte den nicht in ihrem Alter.
Jason hatte ihn inzwischen bemerkt und winkte ihn freudestahlend herein.
»Ist das schön dich zu sehen, alter Junge«, begrüßte er den Freund und umarmte ihn, was Lester unwillkürlich zusammenzucken ließ.
»Ich freue mich auch, nach so langer Zeit«, erwiderte Lester.
»Einen kleinen Moment noch, setz dich doch.«
Jason wählte eine Nummer auf dem Handy und drehte sich zum Fenster.
Es war fünfzehn Jahre her, seitdem sie sich zum letzten Mal gesehen hatten. Auf dem Abschlussball der Highschool. Sie wollten damals mit demselben Mädchen hingehen. Jason gewann. Und er, Lester, erschien mit deren bester Freundin. Jason wandte sich wieder Lester zu und steckte das Handy in die Sakkotasche seines grauen Maßanzugs.
»Wir haben uns so verdammt viel zu erzählen, alter Junge.« Wieder bleckte er seine weißen Zähne.

Im Grunde kommen in dem geänderten Abschnitt die gleichen Informationen vor, doch wurden sie jetzt anders platziert. Dazu haben wir zunächst bewusst eine neue Situation geschaffen, eine Szene, die es Lester erlaubt – und dies für den Leser nachvollziehbar macht – Jason in aller Ruhe zu beobachten: *durch die Glastür.* Schaffen Sie also ausreichend Zeit oder günstige Situationen für Ihre Figurenbeschreibungen. Dabei ist es gleichgültig, ob diese Beschreibung aus der Sicht eines Erzählers oder wie hier einer Figur vermittelt wird. Was zählt, ist, dass die Beschreibungen motiviert sind.

Die Beobachtungen werden also nun quasi aus Lesters Sicht wiedergegeben. Dadurch wird nicht nur Jason – seine äußere Erscheinung – beschrieben, sondern auch Lester selbst. Es ist das, was Lester in dieser Situation an Jason auffällt, was ihm wichtig erscheint. Und es schwingt eine Beurteilung dieser Beobachtung mit: *verflucht.* Diese Stimmung wiederum charakterisiert auch Lester. Der zusätzliche Einbau von Umgebungsbeschreibung – *Designerschreibtisch, Maßanzug* – dient letztlich ebenfalls der Figurenzeichnung. So werden das vorherrschende Ambiente und der Geschmack Jasons angedeutet. Zusätzlich steht die Beschreibung unter dem Aspekt, wie sich der Freund verändert hat und was geblieben ist: *Bauch, weiße Zähne*... Und genau das entspricht auch unserer allgemeinen Erfahrung mit solchen Wiedersehenssituationen. Wir würden uns ähnlich verhalten oder in dieser Situation das Gleiche wie Lester bemerken. Zudem wird auch eine konkrete, zurückliegende Begebenheit – *damals beim Baden* – eingebaut. Die gemeinsame Vergangenheit der beiden wird damit hervorgehoben. Durch die zusätzlich eingebauten Handlungen, Bewegungen und Gesten wie in den Raum treten, Umarmen und Zähneblecken, wird Sprechen und Beschreibung der Figuren in Szene gesetzt und in eine Situation eingebunden. In dieser Handlung erscheint Jason übrigens auch als der aktivere. Er bittet Lester herein, telefoniert, spricht – was ihn wiederum charakterisiert. Letztlich macht aber erst die Verbindung der verschiedenen Beschreibungen die ganze Szene anschaulich und lebendig.

Betten Sie Ihre Figurenbeschreibungen in die Szenerie ein.

Auf diese Weise wird auch der zweite Infoteil im vorletzten Absatz in die Situation integriert. Wieder wird dem Betrachter Lester durch das Telefonat Zeit gegeben, diesmal um an eine bestimmte gemeinsam erlebte Situation zurückdenken zu können. Die Rückblicke werden inhaltlich eingeleitet: *seitdem sie sich zum letzten Mal gesehen hatten…* Dies ist eine allgemeine Technik zur Wiedergabe von Rückblicken, die sich auch im wirklichen Leben entwickeln und immer mit der aktuellen Situation in Verbindung stehen. Woran Lester zurückdenkt, sagt wiederum etwas über ihn und seine Situation aus.

Durch dieses Zeitschaffen wird der Dialog über die gesamte Szene verteilt. Der Aufbau der Szene hat sich geändert und wird für die Figurenzeichnung genutzt. Er entspricht der Entwicklung der Figuren in dieser Passage – zumindest gilt das für die beobachtende Figur Lester. Was er zuerst sehen und bemerken kann, wird auch als Erstes geschildert. Und zwar zunächst Jasons äußere Erscheinung. Der Fokus liegt im zweiten Absatz auf diesem Äußeren, auch wenn hier bereits Lesters eigene Stimmung zum Ausdruck gebracht wird. Erst danach verlagert sich der Schwerpunkt der Zeichnung auf Inneres, auf die Sache mit dem Mädchen. Der Textaufbau – also wann welche Infos gegeben werden – spiegelt die Entwicklung der Figur Lester in dieser Situation, indem deren Sicht wiedergegeben wird. Das alles kennen wir auch aus ähnlich ablaufenden Szenen des wirklichen Lebens. Nicht zuletzt deshalb ist die gesamte Passage für uns als Leser auch verständlich.

In der überarbeiteten Szene hat zudem die Sprache der Figuren eine Funktion. Im Gegensatz zur ersten Fassung werden bereits in den wenigen Sätzen gewisse

Unterschiede im Sprechen der zwei Personen spürbar. Auffallend ist hier das etwas floskelhafte »alter Junge«, das auch noch wiederholt wird. Und die Wiederholung ist, bewusst eingesetzt, ein erzählerisches Mittel, zur Betonung bestimmter Sachverhalte. Nicht nur im Tonfall wird spürbar, dass die zwei Personen mit verschiedenen Charakteren die Situation unterschiedlich zu meistern versuchen. In der ursprünglichen Fassung sind diese Unterschiede noch nicht vorhanden. Weder in der Art zu sprechen noch im inhaltlichen Geschehen. Deshalb charakterisiert die Sprache in diesem Fall nicht die Figuren.

Die Erzählperspektive beeinflusst die Figurenzeichnung

Der oben angesprochene Aspekt – die Situation wird aus der Sicht einer handelnden Figur, Lester, geschildert – verbindet sich mit einem weiteren Bereich der Erzähltechniken, der Erzählhaltung. Diese hat, wie wir gleich sehen werden, ebenfalls mit der Figurenzeichnung zu tun.

Grundsätzlich gilt für Texte aller Genres und Erzählweisen die Regel, möglichst viele verschiedene erzählerische Mittel der Figurenzeichnung – Beschreibungen aus allen Sinnesbereichen, Vergleiche, Sprache etc. – zu finden. Wichtig ist dabei aber nicht nur, *welche* Infos gegeben werden, sondern auch wer die Informationen gibt und *von welchem Standpunkt* aus dies geschieht. Und genau das gibt Ihnen die Erzählhaltung vor.

Ein Ich-Erzähler, der selbst ins Geschehen involviert ist, wird nicht nur die Story, sondern auch die Figuren und sich selbst anders beschreiben als ein außenste-

hender Erzähler. Die Zeichnung einer Person in einer Ich-Erzählung wird immer subjektiv gefärbt sein oder scheinen. Eine von außen geschilderte Figur in der Er-Form dagegen wird grundsätzlich eher einen objektiven und distanzierten Eindruck beim Leser hinterlassen. Diese Distanz kann aber auch wieder verringert oder aufgehoben werden, wenn der distanzierte Erzähler die Sichtweise einer wichtigen, zentralen Figur wiedergibt.
Einen solchen Unterschied kann man in unseren vorhergehenden Beispieltexten durchaus feststellen. Beide Varianten der Begegnung sind in der Er-Form verfasst. Allerdings kommt in der Überarbeitung die Sichtweise der Figur Lester deutlicher zum Ausdruck. Ziel der Bearbeitung war es, die Figurenzeichnung stärker an die Szenerie zu binden. Das geschah durch die Beschreibung der Figur aus der Sicht der Hauptperson Lester. Die Szenerie wirkt dadurch unmittelbarer und dem Leser näher. Er sieht und erlebt die Szene aus der Sicht der erzählenden Person.

Die von Ihnen gewählte Erzählperspektive lässt die Figuren in einem bestimmten Licht erscheinen.

Diese verschiedenen Erzählstandpunkte erzeugen also unterschiedliche Erlebniswelten für den Leser. Zur Demonstration haben wir die Wiedersehensszene nun in eine Ich-Erzählung umgewandelt:

Ich sah Jason Delroy bereits durch die Glastür seines Büros. Lässig stand er neben einem Designer-

schreibtisch und sprach in ein Handy. Er hatte sich kaum verändert. Er hatte nach wie vor diese verflucht weißen Zähne und die lockeren, blonden Haare, die ihn damals schon zum Schwarm aller Mädchen machten. Ein wenig länger waren sie vielleicht. Sie reichten ihm jetzt bis in den Nacken, wo sie aber die kleine Narbe nahe dem rechten Ohr nicht verdecken konnten, die er sich damals beim Baden zugezogen hatte. Und ein leichter Bauchansatz war zu erkennen. Aber wer hat den nicht in unserem Alter.

Jason hatte mich mittlerweile bemerkt und winkte mich freudestahlend herein.

»Ist das schön dich zu sehen, alter Junge«, begrüßte er mich wie in alten Zeiten und umarmte mich, was mich unwillkürlich zusammenzucken ließ.

Wir hatten uns früher nie so begrüßt.

»Ich freue mich auch, nach so langer Zeit«, erwiderte ich ein wenig verlegen.

»Einen kleinen Moment noch, setz dich doch.« Er zeigte auf das Handy. Dann wählte er eine Nummer und drehte sich zum Fenster.

Während ich das feudale Büro beäugte, kam mir der Abschlussball der Highschool in den Sinn.

Es war das letzte Mal, dass wir uns gesehen hatten. Fünfzehn Jahre war das nun her. Wir wollten damals mit demselben Mädchen hingehen. Jason gewann. Und ich erschien mit deren bester Freundin. So war das immer, Jason gewann immer. Er wandte sich jetzt wieder mir zu und steckte das Handy in die Sakkotasche seines grauen Maßanzugs.

»Wir haben uns so verdammt viel zu erzählen.« Wieder bleckte er seine weißen Zähne und wieder nannte er mich »alter Junge«.

Auch hier erhalten wir die gleichen Informationen wie in der ursprünglichen Passage. Eine aber fehlt: der Name des Ich-Erzählers Lester. Und dies zeigt uns ein allgemeines Merkmal der Figurenzeichnung in der Ich-Perspektive. Der Ich-Erzähler stellt sich selbst grundsätzlich anders dar, als ein außenstehender Erzähler dies tun würde. Die (Selbst-)Zeichnung des Ich im Text erfolgt vor allem durch die Art des Erzählens. Durch das, was der Erzähler sieht, hört, riecht, erfährt. Alles was er erzählt, charakterisiert ihn und seine Persönlichkeit. Was kommt einem Menschen in den Sinn, was empfindet er, wenn er nach langer Zeit einen Bekannten wiedertrifft? Aus dieser grundsätzlichen Position des Ich-Erzählers folgt, dass er immer eine zentrale Rolle in der Geschichte einnimmt, allein, weil er der Erzähler ist. Diese Tatsache wird oftmals zu wenig berücksichtigt.
Andere Figuren im Text kann ein Ich-Erzähler dagegen schildern wie jeder andere auch. In unserer Ich-Variante gibt es dennoch einige Unterschiede zur ursprünglichen Er-Form. Das einfache Austauschen der Pronomen ergibt noch keine runde Szene. Es bietet sich zum Beispiel an, die Beschreibungen, Beobachtungen und Reflexionen des Erzählers noch stärker an die momentane Situation zu binden, um diese quasi erzählerisch vorzubereiten beziehungsweise einzuleiten: *Während ich das feudale Büro beäugte, kam mir…* Und es gibt auch mehr Kommentare des erzählenden Ich: *Wir hatten uns früher nie so begrüßt; Jason gewann immer.* Dadurch rückt die Figur Lester noch ein Stück mehr ins Zentrum der Darstellung. Andererseits weiß man als Leser nicht mehr so genau, ob die Darstellung der Figur Jason auch tatsächlich den Tatsachen entspricht. Denn das bringt der grundsätzlich subjektive Charakter dieser Erzählweise mit sich.

Auch die Beschreibung der Außenwelt ist Teil der Figurenzeichnung. Wie später noch gezeigt wird, soll die Außenwelt immer mehr sein als nur eine äußere Orientierungshilfe für den Leser – wo befindet sich der Held, wo findet die Geschichte statt? Sie sollten mit dem Einbringen von Außenwelt immer die Absicht verfolgen, zusätzlich das Geschehen und die darin agierenden Figuren zu beleuchten, deren Stimmung zu zeichnen und so eine Gesamtatmosphäre aufzubauen. Und auch hier gilt wieder der Grundsatz der Einheit von Figur und Geschehen!
In unserer Wiedersehensszene ist ursprünglich kaum Außenbeschreibung vorhanden. Der Leser erfährt lediglich, dass Jasons Büro, der Schauplatz des Geschehens also, *im zweiten Stock eines historischen Ziegelbaus* liegt. Aber schon das kennzeichnet den dort residierenden Jason. Historisch heißt ja nicht nur alt, sondern auch bedeutsam. Nicht jeder kann sich dort ein Büro leisten. Diese kurze Bemerkung könnte bereits auf eine sozial und gesellschaftlich gehobene Stellung Jasons verweisen, was natürlich noch einer Bestätigung im Text bedarf. In der überarbeiteten Fassung wird nun in den zusätzlichen Außenbeschreibungen *Glastür* und *Designerschreibtisch* genau dieser Aspekt aufgegriffen und vertieft. Aber nicht nur Jason wird dadurch zusätzlich gezeichnet. Es wird, vor allem in der überarbeiteten Fassung, der Eindruck geschildert, den Lester von seinem früheren Freund, der Situation und der Umgebung hat. Jason erscheint – in Lesters Augen – auch durch seine Umgebung als derjenige, der (immer) als *Gewinner* hervorgeht. Seine Umwelt bestätigt das sozusagen. Das betont nochmals den Umstand, dass Sie Beschreibungen – auch einzelne Wörter – immer genau einpassen und aufeinander abstimmen sollten.

Nutzen Sie die Beschreibung von Außenwelt als Mittel der Figurenzeichnung.

Bei Ihren Vorüberlegungen haben Sie sich ja bereits mit der Figurenkonstellation, den Beziehungen der Figuren zueinander und ihrer Rolle im Text beschäftigt. Sie haben Haupt- und Nebenfiguren festgelegt und bestimmt, welche Aufgaben diese jeweils im Text haben. Lassen Sie uns am Ende dieses Kapitels nochmals kurz darauf eingehen, wie Sie mit Ihren Figuren beim Schreiben umgehen sollten.

Zunächst einmal sind es tatsächlich Ihre Figuren. Wenn Sie so wollen, auch Ihre Kinder. In jedem Fall aber sind es Ihre Schöpfungen und entsprechend fürsorglich sollten Sie mit ihnen umgehen. Sie müssen sich in sie hineinversetzen und mit ihnen das darzustellende Geschehen erleben können – das gilt zumindest für die wichtigen Figuren. Sie müssen sie deshalb natürlich nicht gleich lieben, aber hassen sollten Sie sie auch nicht. Und in keinem Fall dürfen Sie ihnen Unrecht tun. Eine Geschichte, eine Entwicklung oder Wendung auf Kosten einer Figur aufzubauen, das wird Ihnen der Leser nicht verzeihen. Machen Sie eine Figur nie dümmer, als sie ist, nur um beispielsweise Informationen zurückzuhalten und so Spannung zu erzeugen. Das ergibt immer eine Pseudospannung, die der Leser schneller durchschaut, als Ihnen lieb sein kann. Unterschätzen Sie daher niemals den Leser, weder sein Gespür noch seine logischen Fähigkeiten!

Achten Sie darauf, dass Sie sowohl in der Planung als auch in der textlichen Darstellung allen Figuren die ihnen zukommende Aufmerksamkeit schenken. Und zwar entsprechend ihrer Stellung und Funktion im

Text. Vielen Autoren fällt es schwer, beispielsweise einen Sexualmörder darzustellen oder sich gar mit einem solchen gedanklich zu befassen. Das sollten Sie aber, wenn er in Ihrer Geschichte eine wichtige Rolle spielt. Abgesehen davon kommt kein Text ohne Negativfiguren aus. Denn ein Grundprinzip beim Schreiben ist das Gut-Böse-Schema. Beim Märchen ist es besonders ausgeprägt, aber auch jeder andere Text unterliegt dieser Gesetzmäßigkeit in irgendeiner Weise. Es geht immer um Konflikte, um Recht und Unrecht und vor allem um das »Böse in der Welt«. Damit müssen Sie sich auseinander setzen und abfinden, wenn Sie literarische Texte schreiben möchten. Selbst wenn in modernen Texten dieser Gegensatz oft weniger stark ausgeprägt ist, haben die Figuren häufig sowohl negative als auch positive Eigenschaften.

Zwar beschäftigen wir uns hier meist mit den Hauptfiguren – was Sie beim Schreiben ebenfalls tun sollten –, doch gehören zur richtigen Behandlung natürlich genauso die Nebenfiguren. Sie sollten – kurz gesagt – auch als solche im Text auftauchen. Wenn Sie Nebenfiguren zeichnen, gleichgültig auf welche Weise dies geschieht, darf dies immer nur den Hauptfiguren untergeordnet erfolgen – sowohl was den Umfang als auch die Qualität betrifft. Wenn Sie aber meinen, eine unwichtige Figur besonders deutlich zeichnen zu müssen, dann verschaffen Sie ihr eine entsprechende Rolle im Text.

Behandeln Sie Ihre Figuren entsprechend ihrer Rolle im Text.

Figuren sind fast immer Dreh- und Angelpunkt einer Geschichte. Die Wirkung des Textes hängt zum großen Teil davon ab, wie lebendig und anschaulich sie gestaltet sind und wie sehr ihnen der Leser folgen kann. Behandeln Sie Ihre Figuren deshalb entsprechend sorgfältig.

Eine Figur setzt sich immer aus vielen unterschiedlichen Merkmalen und Eigenschaften zusammen. Sie alle müssen in den Text einfließen und auf möglichst vielfältige Weise gezeichnet werden. Jede dieser Zeichnungen muss motiviert sein und in einem Bedeutungszusammenhang mit der Geschichte stehen. Daher ist die Planung von Story und Figuren gleichermaßen wichtig. Eine Biografie, in der die wesentlichen Persönlichkeitsdaten gesammelt werden, ist dabei hilfreich.

Charakter schlägt sich vor allem im Handeln, Reden, Denken und Fühlen nieder. Für die Veranschaulichung von Persönlichkeit – Gefühlszustände, Verhaltensweisen, Sprache etc. – müssen passende und variierende Bilder gesucht werden. Allein die Benennung von Eigenschaften reicht nicht aus. Lebenslaufartige Auflistungen äußerer oder innerer Charakteristika sind bloße Vorstufen beziehungsweise Rohentwürfe lebendiger Figuren.

Hauptfiguren entwickeln sich. Dabei sollten Sie bewusst festlegen, welche Eigenschaften sich ändern. Bestimmte Merkmale wie Sprache, Mimik und Gestik dagegen müssen unverändert bleiben, damit die Person wiedererkennbar ist.

Neben dem Inhalt eines Textes bestimmt auch die Erzählhaltung, also ob der Erzähler seine Figuren aus der Nähe oder mit Distanz beschreibt, die Möglichkeiten der Figurendarstellung.

Zu den vielfältigen Mitteln der Figurenzeichnung gehört schließlich auch die Beschreibung der Außenwelt, die sich letztlich immer an der gerade im Zentrum des Geschehens befindlichen Person orientieren sollte.
Sie sollten auf möglichst viele dieser Techniken zur Figurenzeichnung zurückgreifen. Wählen Sie das jeweils passende Mittel am geeigneten Ort, damit der Leser eine Vorstellung Ihrer Figuren bekommt. Versetzen Sie sich immer in die Situation Ihrer Figuren, dann werden Sie diese auch lebendig beschreiben können.

4. So kommt Stil in die Geschichte

»Das werde ich garantiert nicht tun«, garantierte er ihr stur.

Die Sprache ist zweifelsohne unser wichtigstes Ausdrucks- und Kommunikationsmittel. Jeden Tag unterhalten wir uns mit den verschiedensten Menschen in ganz unterschiedlichen Situationen und aus unterschiedlichsten Gründen. Je nach Gesprächspartner, Situation und Stimmung fällt unser Sprechen unterschiedlich aus. Einmal ist es überlegt und beherrscht, ein anderes Mal wirr und emotional. Wie unterschiedlich unser Sprechen auch sein mag, immer ist es ein Teil von uns, ein Teil unserer Persönlichkeit.

Unsere Sprache ist gleichermaßen Ausdruck unserer Stimmung und unserer Persönlichkeit.

So wichtig Sprache für unser tägliches Leben ist, so zentral ist sie auch innerhalb eines Textes. Dort stellt sie, wie im vorangehenden Kapitel schon angemerkt, einen wichtigen Teil der Figurenzeichnung dar. Aber sie ist noch mehr. Ein literarischer Text, eine Erzählung, besteht letztlich nur aus Sprache, und zwar aus der Sprache des Autors. Diese »verleihen« Sie einerseits an Ihre Figuren, indem Sie diese reden lassen, andererseits an einen Erzähler, den Sie ebenso wie die Figuren erst erschaffen müssen. So gesehen kann man jeden Text, jeden Satz und jedes Wort darin, in zwei Bereiche teilen: in die Erzählersprache, den Erzählerbericht, und in die

Figurensprache, die Figurenrede. Nehmen wir eine kleine Szene, um dies zu verdeutlichen:

Es war ein Morgen wie jeder andere auch. Sie stand um sieben Uhr auf, ging zuerst ins Bad und machte dann Frühstück. Spätestens als sie den Tisch deckte, hatte sie wieder dieses Gefühl. Eine Mischung aus Wut und Resignation machte sich in ihr breit.
Dann hörte sie ihn ins Bad gehen, seine schlurfenden Schritte.
»Guten Morgen!«, rief sie in den Flur.
Wie immer kam ein Brummen zurück. Dann knallte die Badezimmertür ins Schloss. Warum musste er ihr nur jeden Morgen einen Fußtritt versetzen? Und warum ziehe ich nicht endlich einen Schlussstrich? dachte sie. Sie setzte sich an den Tisch…

Die Schilderung dieser Morgenszene erfolgt durch den Bericht des Erzählers: *Es war ein Morgen wie jeder andere…* Sie setzte sich an den Tisch. Und sie wird ergänzt beziehungsweise unterbrochen von der Rede einer an dieser Szene beteiligten Person: *»Guten Morgen!«*. Diesen Wechsel von Reden und Erzählerbericht können Sie in jedem beliebigen Text feststellen.

Ihr Text besteht wie jeder literarische Text aus Figurenrede und Erzählerbericht.

Jede Figur spricht ihre eigene Sprache

Schauen wir uns als erstes die Sprache der Figuren innerhalb eines Textes an. Jede Geschichte gibt ein Ge-

schehen wieder, in dem Personen agieren. Dort nimmt das Sprechen der Figuren wie im wirklichen Leben eine wichtige Stellung ein. Aus der täglichen Erfahrung wissen wir, dass eine Unterhaltung aus mehr als nur Reden besteht. Sprechen geht immer Hand in Hand mit Empfindungen und Gedanken. Wir begleiten unsere Aussagen mit Gesten und Gebärden, die das Gesagte zusätzlich untermalen und verdeutlichen. Oftmals wird unser Reden dadurch für den Zuhörer sogar erst verständlich. Bei einem Gespräch handelt es sich also um einen sehr komplexen Vorgang. Diesen vollständig darzustellen ist ein fast unmögliches Unterfangen. Und wieder einmal begegnen wir einem allgemeinen Problem beim Schreiben: Sie können in Ihrem Text nur einen Ausschnitt, eben das Wichtige, darstellen.
Zu dieser Auswahl gehören auch die Gedanken einer Figur. Erzähltechnisch stellen diese nichts anderes dar als Reden. Zwar werden sie nicht ausgesprochen oder artikuliert, sie müssen aber dennoch wiedergegeben werden. Wir wollen sie deshalb im Weiteren auch als Teil der Figurenrede behandeln. Die vorangegangene Textpassage enthält solche Gedankenwiedergaben, die sich formal nicht von Rede unterscheiden:

Und warum ziehe ich nicht endlich einen Schlussstrich, dachte sie.

Redeformen und wie sie wirken

Für die Wiedergabe von Rede stehen Ihnen unterschiedliche Möglichkeiten beziehungsweise Formen zur Verfügung. Grundsätzlich lassen sich diese Redeformen in ausgesprochene, das heißt Reden im eigentlichen

Sinne, und unausgesprochene, also Gedanken, einteilen. Ebenso gibt es eine Unterscheidung nach unvermittelter oder direkter Rede und vermittelter oder indirekter Rede. Eine spezielle Form ist die gedanklich formulierte Rede, also die erlebte Rede und der innere Monolog. Diese verschiedenen Redemittel drücken letztlich immer eine unterschiedliche Nähe beziehungsweise Distanz zwischen Sprecher und Zuhörer oder Leser aus. Betrachten wir aber zunächst einmal die Formen anhand einer kurzen Aussage:

»Ich fühl mich glücklich«, sagte sie.

Diese direkte Rede ist die wörtliche, unvermittelte Wiedergabe einer Aussage in der ersten Person »ich«. Bei der indirekten Rede handelt es sich um die entsprechende vermittelte, also in der dritten Person »sie« stehende Variante. Sie würde in etwa so lauten:

Sie sagt, dass sie sich glücklich fühlt (fühle).

oder:

Sie sagt, sie fühlt (fühle) sich glücklich.

Mit der erlebten Rede wird versucht, den Leser in die Gefühlswelt der Figur zu versetzen. Die Gedanken sollen dabei aber durchaus noch vermittelt und distanziert erscheinen, daher die Verwendung der dritten Person:

Wie glücklich sie sich fühlte.

Beim inneren Monolog soll der Vermittlungscharakter vermieden werden, sodass der Leser direkt an den Gefühlen der Figur teilhaben kann. Hier wird die erste Person verwendet:

Mein Gott, wie glücklich ich mich fühle.

Wir werden diese vier Formen im Folgenden noch genauer untersuchen. Wichtig ist an dieser Stelle, dass Reden – unabhängig vom Inhalt – allein durch die Form unterschiedlich auf den Leser wirken. Eine direkte Rede oder ein innerer Monolog erscheinen uns eben auch unmittelbar und direkt. Das »sagte sie« könnte hier auch weggelassen werden. Eine indirekte Rede kommt uns mittelbar beziehungsweise vermittelt vor. Der Nebensatz, »sagte sie«, kann nicht weggelassen werden. Die erlebte Rede dagegen wirkt für den Leser unmittelbar. Die Redeformen sollen also im Text bestimmte Funktionen, unterschiedliche Wirkungen auf den Leser ausüben. Dementsprechend müssen sie auch gezielt und absichtsvoll im Text eingesetzt werden.

Um Reden auf den Leser wirken zu lassen, müssen Sie die jeweils passende Form wählen.

Unabhängig von dieser formalen Funktion haben Reden natürlich auch eine inhaltliche Aufgabe. Eine Rede macht nur dann Sinn, wenn mit ihr wichtige und auch neue Informationen wiedergegeben werden. Wenn Sie also eine Ihrer Figuren sprechen lassen, dann sollte die Aussage dem Geschehen beziehungsweise der Situation einen Aspekt hinzufügen und so die Handlung voranbringen. Nehmen wir ein Textbeispiel, das dies verdeutlicht. Der Text handelt von einem Jungen, dem Ich-Erzähler, der berichtet, wie er mit seiner neuen Freundin spontan in die entfernte Stadt fährt:

Wir bahnten uns hastig, aber glücklich den Weg durch die überfüllte Halle des Busbahnhofs und erreichten in letzter Minute unseren Bus. Ich zeigte die Fahrkarten und wir setzten uns in die hinterste Reihe, wo zum Glück noch zwei Plätze frei waren. Ich hatte meinen Arm um Vivian gelegt. Sie rang nach Atem, aber sie sah glücklich aus.
»Wie fühlst du dich?«, fragte ich.
»Ich fühl mich glücklich«, sagte sie. »Aber ich bin noch ein bisschen außer Atem.«

Sie werden feststellen, dass die zwei direkten Reden am Ende dieser Passage etwas merkwürdig klingen. Der Grund dafür ist, dass sie bereits Bekanntes wiederholen. Sie enthalten keine neue Information und sind eigentlich überflüssig. Wie sich Vivian fühlt, weiß der Leser bereits vor der Beschreibung des Ich-Erzählers, und deshalb haben diese im Grunde keine Aufgabe mehr.

Achten Sie darauf, dass die Reden Ihrer Figuren neue und wichtige Informationen enthalten.

Nun ist es mit der Funktion von Reden und überhaupt mit der Funktion von Textteilen so eine Sache. Es kommt immer auf den Kontext, den inhaltlichen Zusammenhang an. Selbstverständlich kann auch eine unnötige Rede eine Aufgabe erfüllen und somit gerechtfertigt sein, um beispielsweise die Sinnlosigkeit einer Rede oder Situation oder die Dummheit des Sprechers zum Ausdruck zu bringen. Diesen Eindruck soll die vorherige Szene aber bestimmt nicht vermitteln. Der Ich-Erzähler will hier nicht den Unsinn, sondern vielmehr die Bedeutung der Szene zum Ausdruck bringen. Doch dafür hat er die falschen Reden eingesetzt. Das heißt, der Autor hätte entweder die direkten Reden weglassen oder sie nicht im Erzählerbericht vorwegnehmen sollen. Wie man Reden geschickter und passender einsetzt, zeigen wir im Folgenden genauer. Bleiben wir bei der bereits angesprochenen Form der direkten Rede.

Die direkte Rede

Die direkte Gedankenwiedergabe fällt in der Form mit der direkten Rede zusammen und ist in ihrer Wirkungsweise ähnlich. Beide sind immer dann angebracht, wenn der Inhalt so wichtig ist, dass er wortwörtlich wiedergegeben werden sollte. In Prosatexten nehmen direkte Reden deshalb eine hervorgehobene Stellung ein.

In der wörtlichen Rede können besonders gut Tonfall, spezielle Sprache wie Umgangssprache und Dialekt oder auch Sprachfehler, etwa Stottern, wiedergegeben werden. Diese Redeform charakterisiert den Sprecher in seiner individuellen Ausdrucksweise dadurch natürlich besonders gut.

An die reine Rede können Sie noch so genannte Inquit-Formeln anhängen: »sagte sie«. Diese sind aber meist nur Zuordnungshilfen und können in vielen Fällen weggelassen werden. Sie sollten diese Redeanweisungen auch nicht überstrapazieren. *»Das kann ich nicht ganz bestätigen«, schränkte er seine Bestätigung ein,* ist zum Beispiel eine unnötige Paraphrasierung der direkten Rede. Der Inhalt der Rede wird in der Inquit-Formel lediglich wiederholt. Scheuen Sie sich also nicht, einfache Redefloskeln wie »sagte er« zu verwenden, die durchaus wiederholt werden können, ohne dass dies unangenehm auffällt. Davon abgesehen gibt es eine Reihe verschiedener Verben, die statt »sprechen« verwendet werden können: sagen, reden, meinen, bemerken usw. Andere Verben wiederum drücken eine zusätzliche Bedeutung aus: flüstern, schreien, erwidern, predigen, stottern usw. Anstelle einer Redeanweisung kann aber auch eine Geste des Sprechenden beschrieben werden: »Was soll ich nur machen?« Er zuckte die Achseln… Sie können darauf aber auch ganz verzichten, wenn sowieso klar ist, wer spricht. Dadurch entsteht ein ganz spezieller Eindruck: Die Rede wirkt szenisch. Längere Passagen können wie ein Dialog im Theater oder Film erscheinen.

Die wörtliche Rede betont die Aussage und charakterisiert den Sprecher. Sie wirkt unmittelbar und szenisch.

Viele Autoren glauben, zur Auflockerung des Textes ab und zu direkte Reden einstreuen zu müssen. Doch die direkte Rede wirkt nicht prinzipiell lebendig, nur weil sie unmittelbar ist. Man kann auch nicht generell sagen, ob viel wörtliche Rede einem Text gut tut oder nicht. Es kommt immer darauf an, wozu sie dienen soll und ob sie zur Figur und Situation passt. Lange Redepartien sollten den Figuren vorbehalten bleiben, die gerne größere Monologe halten. Aber Vorsicht! Bei Monologen besteht die Gefahr, dass sie sich von der Figur ablösen. Denn der Leser hat die Person nicht wie auf der Bühne als lebendiges Wesen mit allen Bewegungen und Gesten vor sich, sondern nur den gesprochenen Text.

Der Eindruck, dass Rede und Situation nicht zusammenpassen, entsteht oft dann, wenn Figuren sprachlich nicht individuell genug gestaltet sind und darüber hinaus über kein natürliches Sprachempfinden zu verfügen scheinen. Kein Mensch sagt beispielsweise: »Ich werde sogleich kommen«, sondern »Ich komme gleich«. Es gibt eine Vielzahl von Fehlern, die dazu führen, dass keine natürlich klingende wörtliche Reden und somit keine nachvollziehbaren Gesprächsszenen entstehen. Dazu gehören falsche Wortwahl, zu komplizierte grammatikalische Konstruktionen und die Verwendung von Imperfekt anstelle des in der gesprochenen Sprache üblichen Perfekts oder Futur anstelle des Präsens. Vertrauen Sie auf Ihr Sprachgefühl und lassen Sie die Figuren natürlich reden. Übrigens gibt es ein einfaches und praktisches Hilfsmittel, eigene Texte zu überprüfen. Lesen Sie neu geschriebene Passagen laut vor. Das gilt allgemein, insbesondere aber für solche, die wörtliche Reden enthalten.

Eine besondere und häufige Form der direkten Rede ist der Dialog, also das Gespräch zwischen zwei oder mehreren Personen. Gehen wir jetzt wieder zu unserem frisch verliebten Pärchen zurück, das mittlerweile in der Stadt angekommen ist:

Wir befanden uns plötzlich wieder vor McDonald's.
»Ich hab Hunger«, sagte Vivian. Sie war müde. »Ich hab solchen Hunger.«
»Du brauchst etwas zu essen«, sagte ich. »Gehen wir doch mal rein und schauen, ob wir einen Hamburger für dich bekommen können.«

»Das wär gut«, sagte sie. »Ich muss was essen.«
Wir begaben uns von der chaotischen Hauptstraße in die moderne, unangemessene Sauberkeit von McDonald's. Ein sehr hübsches Mädchen nahm unsere Bestellung entgegen. Sie fragte uns, was wir wollten.
»Was möchten Sie denn gern?«, fragte sie.
»Sie möchte einen Hamburger«, sagte ich.
»Einen Hamburger Royal.«
»Ja«, sagte Vivian.
»Und was möchten Sie haben?«, fragte die Bedienung sehr höflich.
»Ich glaube, ich nehme einen Big Mäc«, sagte ich.
Ich hielt Vivians Hand, während die Bedienung unsere Sachen holte. Vivian lehnte ihren Kopf an meine Schulter. Dann lächelte sie und sagte: »Du siehst den größten Fan von McDonald's vor dir.«
»Wie fühlst du dich denn?«, fragte ich.
»So, als hätt ich grad ne Flucht hinter mir.«
Dann brachte uns die Bedienung unser Essen.

Wir haben hier eine von direkten Reden geprägte Gesprächssituation, also einen Dialog. Uns fällt sofort auf, dass sich die Wiederholung von Bekanntem auch in dieser Szene fortsetzt. Dieses Phänomen ist übrigens immer wieder festzustellen. Denn ein bestimmter erzähltechnischer Fehler taucht fast nie isoliert auf, sondern zieht sich in der Regel durch den gesamten Text. Wie sollte es auch anders sein. Denn der Autor (er-)kennt das Problem offensichtlich nicht und macht deshalb immer wieder den gleichen Fehler. Dass Vivian *etwas zu essen braucht* und *was essen muss*, wissen wir spätestens nach der ersten direkten Rede: *»Ich hab*

Hunger«. Weitere Bemerkungen darüber braucht es nicht, denn damit ist alles gesagt. Ähnliches gilt für die direkte Wiedergabe der Bestellungen. Sie enthält keine wesentlichen Informationen, hat keine Funktionen und kann deshalb auch verkürzt wiedergegeben werden: *Wir bestellten uns einen Hamburger.* Dazu später noch mehr.

Ein wenig anders verhält es sich unter Umständen mit der wiederholten Frage *»Wie fühlst du dich denn?«.* Diese Wiederholung könnte durchaus eine Funktion erfüllen, und zwar die der Betonung. Bewusst eingesetzt dient dies dazu, etwas hervorzuheben. Der Autor wollte damit vielleicht ausdrücken, dass sich der Junge um das Wohlergehen seiner Freundin sorgt. Aber auch das könnte geschickter gemacht werden, wie wir später noch sehen werden.

Zusammenfassend lässt sich festhalten, dass in dieser Passage (zu) viel gesagt und (zu) wenig ausgesagt wird. Machen Sie es in Ihrem Text genau umgekehrt. Ein Dialog sollte mit wenigen Worten viel aussagen. Übrigens gilt das für die gesamte Textdarstellung.

Werden Reden ungeschickt eingesetzt, entsteht beim Leser keine rechte Vorstellung der Szene. Zudem bräuchte er mehr Infos über die Situation und die Figuren. Das ist zum Beispiel mit zusätzlichen Beschreibungen wie Gesten und Empfindungen der Figuren zu erreichen:

Wir befanden uns plötzlich wieder vor McDonald's.
»Ich hab Hunger«, sagte Vivian und sah mich mit ihren sagenhaft braunen Augen an.
»Ich hab solchen Hunger.«
»Du lieber Gott«, antwortete ich mit gespielter

Bestürzung. »Gehen wir doch mal rein und schauen, ob wir für das arme Kind nicht einen Hamburger bekommen können.«

»Das wär einfach himmlisch«, hauchte sie mit ihrer Engelsstimme. »Ich muss was essen.«

Wir begaben uns also von der chaotische Hauptstraße in die moderne, unangemessene Sauberkeit von McDonald's, das mir in diesem Moment in seiner stählernen Kühle wie das Frühstückslokal in einem Fünfsternehotel vorkam.

Ein sehr hübsches Mädchen nahm unsere Bestellung entgegen und mir schoss ein hinterhältiger Gedanke durch den Kopf.

»Sie möchte einen Hamburger«, sagte ich beflissen und schenkte der Schönheit hinter dem Tresen mein sympathischstes Lächeln. »Einen Hamburger Royal.«

»Ja«, sagte Vivian schnell und lenkte damit die Aufmerksamkeit der Schönen auf sich. Was ihr allerdings nicht recht gelingen wollte, denn diese versah mich mit einem kessen Augenaufschlag und fragte mich sogleich ausgesprochen höflich:

»Und was möchten Sie denn gern?«

»Ich glaub, ich nehm nen Big Mäc«, sagte ich betont lässig und beobachtete verstohlen Vivians Reaktion. Wie erhofft, warf sie dem Mädchen einen vernichtenden Blick zu.

Lachend nahm ich Vivians Hand, während die Bedienung unser Essen holte. Schließlich lehnte sie ihren Kopf an meine Schulter. Dann lächelte sie und sagte: »Du siehst den größten Fan von McDonald's vor dir.«

»Und?«, fragte ich. »Wie fühlst du dich?«

»Bestens!«, sagte sie, und dann fügte sie verschwörerisch hinzu: »So, als hätt ich grad ne Flucht hinter mir.«
Dann brachte uns die Bedienung unser Essen.

Zweifelsohne kann man sich die Situation jetzt besser vorstellen. Der Leser bekommt mehr Informationen, obwohl nicht viel mehr als vorher gesagt wird. Er erfährt über die reine Information der wörtlichen Reden hinaus etwas über die Figuren, über deren Verhalten und deren Situation.
Damit ist nicht nur gemeint, dass beide Mädchen jetzt auch äußerlich beschrieben werden: *braune Augen, Schönheit.* Die Beschreibungen haben eine Richtung bekommen. Die Sichtweise und Einschätzung des Jungen wird deutlicher. Er schildert das Aussehen der Mädchen, aber auch die Umgebung:
Fünfsternehotel. Das spiegelt die Stimmung wider, in der sich der Erzähler befindet, und verleiht der gesamten Szene Atmosphäre. Offensichtlich ist er in guter Stimmung, denn er führt hier auch eine kleine Inszenierung auf: *mit gespielter Bestürzung; schoss mir ein hinterhältiger Gedanke durch den Kopf.* Und er hat seinen Spaß daran: *Lachend nahm ich Vivians Hand.* Das alles zeigt nun ein Stück seiner Persönlichkeit. Dies wird durch die Art und Weise, wie er sich in dieser Situation gibt, noch verstärkt: *betont lässig.* Aber auch die Befindlichkeit der Freundin wird nun durch eine gewisse Übertreibung – *»Das wär einfach himmlisch«* – und bewusste Wiederholung – *»Ich hab solchen Hunger«* – stärker zum Ausdruck gebracht. Aus ihren Reaktionen entnimmt der Leser zudem, dass sie vielleicht etwas naiv ist. Jedenfalls verhält sie sich entsprechend den allgemeinen Konventionen und gemäß einem tra-

dierten Rollenverhalten. Das trifft auch auf den Jungen zu. Der Mann ist aktiv, dominant und der Beschützer. Er trifft die Entscheidungen und bestellt für die Frau. Sie ist passiv, zustimmend, reagiert nur auf ihn und ist die zu beschützende Person. Außerdem wird die gesamte Situation in einen übergreifenden Zusammenhang gestellt. Durch die inszenierte Provokation will sich der Junge der Zuneigung seiner Freundin vergewissern. Und sie gibt ihre Zustimmung auch bereitwillig, indem sie reagiert, *wie erhofft.*

Vermitteln Sie mit einem Dialog eine bildhafte Vorstellung von der gesamten Gesprächsszene.

In dieser Bestellszene geben die hinzugefügten begleitenden Beschreibungen der Situation zusätzliche Informationen und haben damit eine Funktion. Natürlich kann eine Szene auch ausschließlich in direkten Reden wiedergegeben werden. Dann muss die wörtliche Rede allerdings alle notwendigen und wichtigen Informationen enthalten, um die Funktion der Szene zu verdeutlichen. Im folgenden Beispiel haben wir die Szene nicht nur auf die wörtlichen Reden reduziert, sondern zudem bewusst die Erzählperspektive gewechselt:

»Was möchten Sie haben?«, fragte die Bedienung im Lokal.
»Sie möchte einen Hamburger«, sagte er.
»Einen Hamburger Royal selbstverständlich.«
»In Ordnung«, sagte sie, »das ist nett von dir.«
»Und was möchten Sie denn gern?«, fragte die

Bedienung weiter.

»Ich glaub, ich nehm nen Big Mäc, schönes Kind«, sagte er, »einen Big Mäc für Big Dad, hahaha!«

»Sehr komisch«, meinte sie und wandte sich dann der Bedienung zu. »Und Sie? Was stehn Sie so rum? Beeilen sie sich lieber ein bisschen, schließlich wollen wir hier keine Wurzeln schlagen.«

»War doch nur ein Scherz«, sagte er.

»Toll, deine Scherze!«, schnauzte sie ihn an. »Du siehst den größten Fan von McDonald's vor dir.«

»Ich weiß… ein blöder Scherz«, sagte er. »Wieder alles in Ordnung?«

»Na ja, schon gut«, sagte sie und fügte hinzu: »Ich fühl mich, als hätt ich grad ne Flucht hinter mir.«

Auch diese Szene, die fast ausschließlich aus direkten Reden und Redeanweisungen besteht, erzielt eine eindrückliche Wirkung. Dazu war es aber notwendig, mehr Infos in die Reden selbst hineinzulegen und der Szene grundsätzlich mehr Bedeutung zu geben. Aus dem Spielchen ist jetzt beinahe ernst geworden. Es ist zu beachten, dass nur wirklich wichtige Szenen sich für einen reinen Dialog eignen. In dieser Situation bahnt sich eine neue Entwicklung an. Das Mädchen hat einen neuen Wesenszug an dem Jungen entdeckt, der ihr nicht gefällt. Sie ist verärgert über das Verhalten des Jungen. So wird eine gewisse Spannung aufgebaut. Der Leser fragt sich, wie sich die Beziehung nun weiterentwickeln wird. Der neue Dialog verändert auch die vorherige Konstellation: Mann/stark und Frau/schwach. Die Frau gewinnt dadurch in gewisser

Weise an Bedeutung. Das ist auch ein Grund dafür, dass wir das Gespräch nicht mehr von einem »Ich« erzählen lassen, sondern von einer Außenposition gesehen wiedergeben. Diese formale Änderung war vielleicht nicht dringend notwendig, aber doch sinnvoll. Zum einen werden die zwei Figuren Mädchen/Junge formal gleichgestellt. Zum anderen wird durch die Person eines Ich-Erzählers zwangsläufig immer das Erzählerische betont. Deshalb passt die ausschließlich szenische Dialogform zu dieser Erzählform nur bedingt. Von einem Ich-Erzähler erwartet man immer Kommentare und Erklärungen, die in einer reinen Dialogszene zu fehlen scheinen. Außerdem wird ein Ich-Erzähler üblicherweise nicht so viel Dialog verwenden. Sie sollten sich also überlegen, ob Sie mit dem Gespräch eine szenische oder erzählerische Wirkung erzielen wollen, um dann die entsprechende Form zu wählen.

In jedem Fall müssen Sie dem Leser in einer direkten Rede vor allem Informationen vermitteln. Allerdings sollte das so erfolgen, dass sie als solche nicht erkennbar sind. So kann man beispielsweise eine Tochter nicht zu ihrer Mutter sagen lassen »Wie geht es meiner Schwester Ilse?«, nur damit dem Leser die Verwandtschaftsverhältnisse der Figuren deutlich gemacht werden. Das wirkt unnatürlich und unmotiviert. Es besteht kein Grund für die Tochter, »Schwester« und »Ilse« zu sagen.

Die indirekte Rede

Eine weitere Möglichkeit, Figuren im Text sprechen zu lassen, ist die indirekte Rede, wie sie in der ersten Variante unserer Geschichte bereits vorkommt. Es handelt sich um die Bestellung: *Sie fragte uns, was wir wollten.*

Eine indirekte Wiedergabe reicht an dieser Stelle sicher aus, um die Frage der Bedienung festzuhalten. Zumindest hat man nicht den Eindruck, dass sie direkt wiedergegeben »*Was möchten Sie denn gern?*« oder gar wiederholt werden müsste.
Die zwei verschiedenen Versionen der Bestellung zeigen aber auch recht gut, wie die indirekte Rede im Gegensatz zur direkten einen Inhalt vermittelt wiedergibt. Die Redeanweisung *Sie fragte uns* kann nicht weggelassen werden. Sie ist ein wichtiger Bestandteil dieser Wiedergabeform, denn die indirekte Rede will immer das Erzählerische betonen. Dadurch verliert das Gesagte selbst jedoch an Unmittelbarkeit und Wichtigkeit.

Die indirekte Rede gibt weniger wichtige Aussagen wieder. Sie wirkt vermittelt und erzählerisch.

Neben diesen Hauptmerkmalen gibt es noch eine Reihe anderer Eigenschaften, die eine indirekte Redewiedergabe kennzeichnen und Hinweise darauf geben, wann sie sinnvoll einzusetzen ist. Vermitteln heißt nicht zuletzt auch, dass die Rede sozusagen von einem Erzähler gefiltert wird. Mithilfe der indirekten Rede kann man eine Aussage in ein etwas anderes Licht rücken. Die indirekte Form einer Aussage »Ich bin krank« kann beispielsweise die Tatsache an sich zweifelhaft erscheinen lassen: Er hat gesagt, er sei krank oder er hat gesagt, dass er krank sei. Allein durch die indirekte Form und ohne dass es ausdrücklich erklärt wird, kann die Aussage einer Person in Frage gestellt oder zur reinen Behauptung werden. Derartige Zweifel kann man durch zusätzliche Ironisierung noch verstärken: *Er sei ja so krank, jammerte er (und hielt sich seinen dicken Wanst).*

Mit der indirekten Rede können Sie zusätzlich indirekte Aussagen wie etwa Distanz, Zweifel oder Ironie vermitteln.

Nehmen wir unsere zuvor erwähnte Frühstückspassage als Beispiel, wie mit der indirekten Rede gearbeitet werden könnte. Kurze Zeit später, am Frühstückstisch, teilt die Frau ihrem Mann mit, dass sie sich von ihm trennen will. Dabei könnte die zentrale, die wichtigste Aussage, der Trennungssatz, in der direkten Rede stehen, alles andere wird indirekt wiedergegeben:

Dann kam es ihr endlich über die Lippen:
»Ich will mich scheiden lassen!«
Und dann prasselte ein Schwall von Vorwürfen auf ihn nieder. Sie sagte, sie habe es satt, wie er morgens schweigend dahocke, wie er über der Zeitung sitze und über sie hinwegsehe, wie er mittags die Suppe schlürfe und abends vor dem Fernseher schnarche.

Der Wortschwall- und Litaneicharakter solcher Auseinandersetzungen kann durch das schnelle Aneinanderreihen indirekter Sätze inhaltlich und sprachlich besser als durch eine direkte Wiedergabe ausgedrückt werden. Zudem wird dadurch ein zusätzlicher Effekt erreicht. Es entsteht der Eindruck, dass die Frau wahrscheinlich noch mehr Vorwürfe losgelassen hat, es sich hier also nur um eine Auswahl handelt (Raffung). Die vollständige Wiedergabe ist gar nicht notwendig, denn solche Situationen sind allgemein bekannt.

Die indirekte Rede können Sie zur gerafften Wiedergaben längerer Aussagen einsetzen.

Obwohl die indirekte Rede den weniger wichtigen Aussagen vorbehalten sein sollte, müssen Sie darauf achten, dass diese dennoch für den Fortgang der Geschichte von Belang sind. In unserer Trennungsszene könnte sich beispielsweise der Mann zu einem späteren Zeitpunkt an die Vorwürfe seiner Frau erinnern. Nun haben wir indirekte Gedanken, die deshalb wiedergegeben werden müssen, weil sie eine neue Wendung in der Geschichte einleiten und neues Geschehen an das alte knüpfen:

Und er dachte wieder daran, wie sie zum ersten Mal von Scheidung gesprochen hatte, welche Vorwürfe sie ihm gemacht hatte … Und er dachte auch erstmals daran, sein Leben zu ändern.

Indirekte Reden haben also ebenfalls eine wichtige Funktion im Text. Dass es immer einen Grund geben muss, warum sie überhaupt wiedergeben werden, soll ein weiteres Beispiel zeigen. Wir stellen in Texten immer wieder fest, dass eine Rede so stark verkürzt wird, dass sie überhaupt keinen Inhalt mehr transportiert. Eine indirekte Rede wie »Und er erzählte ihr, was vorgefallen war« macht nur dann Sinn, wenn dieses Vor-

gefallene auch vorher im Text geschildert wurde. Ist dies nicht der Fall, dann ist das Ereignis an sich unwichtig und die indirekte Rede kann entfallen.
Was die sprachliche Seite der indirekten Rede betrifft, so muss nicht unbedingt der Konjunktiv verwandt werden. Ausschlaggebend kann hier sein, auf welcher sprachlichen Ebene sich der Sprecher bewegt. In der indirekten Rede können also durchaus sprachliche Eigenheiten, Dialektfärbungen, ja sogar sprachliche Fehler wiedergegeben werden:

Und er erklärte ihr, dass sie einen
solchenen Schmarrn reden tät,
dass kein Mensch nicht hinhören könnt…

Grammatikalische Richtigkeit sowie eine höfliche oder gewählte Ausdrucksweise müssen bei der Figurenrede weder in der direkten noch der indirekten Form berücksichtigt werden. Die Rede einer Person sollte immer so wiedergegeben werden, dass sie echt und natürlich klingt. Dazu gehören unter Umständen auch Kraftausdrücke, Schimpfwörter oder Flüche. Das einzige Kriterium ist, dass sie zur Sprache der Figur passen müssen, wenn sie verwendet werden. Auch unter diesem Aspekt können direkte und indirekte Reden nicht einfach ausgetauscht werden. Der Satz »Was hab ich bloß getan?« lautet in der indirekten Rede etwa: Sie fragte sich, was sie bloß getan habe. Damit ist zwar der Wortlaut übernommen, nicht aber die spezielle umgangssprachliche Variante »hab«. Diese kann indirekt nicht wiedergegeben werden. Die erzählerische Vermittlung nimmt dem Satz aber auch die Schärfe und Emotion, die er in der direkten Form hatte. Die Aussage entfernt sich dadurch von der erzählenden Figur.

Dieser kleine sprachliche Unterschied macht recht gut deutlich, wie stark sich die zwei Wiedergabeformen in ihrer Wirkung unterscheiden.

Die Gedankenwiedergabe

Gedanken können grundsätzlich so wiedergegeben werden wie Reden, also direkt oder indirekt. Sie unterscheiden sich dann formal nicht von der eigentlichen direkten und indirekten Rede:

Hat sie vielleicht Hunger? fragte er sich.
Er fragte sich, ob sie vielleicht Hunger hatte.

Wenn nun aber eine gedankliche Regung einer Person unmittelbar wiedergegeben, wenn das Bewusstsein einer Figur möglichst real abgebildet werden soll, stoßen die normalen Formen der Redewiedergabe an gewisse Grenzen. Wir wissen gar nicht genau, wie Gedanken überhaupt ablaufen – ob in Form von Sprache oder etwa in Bildern. Im Text müssen wir sie aber immer in sprachlicher Form wiedergeben. Daher gibt es ganz bestimmte sprachliche Mittel, die dem Leser das Gefühl vermitteln sollen, am unmittelbaren Bewusstseinsstrom einer Figur teilzuhaben. Im Englischen nennt man diese Erzähltechnik »stream of consciousness«. Letztlich haben sich aus den Versuchen, die inneren Vorgänge einer Person möglichst naturgetreu wiederzugeben, zwei spezielle Redeformen herausgebildet: die erlebte Rede und der innere Monolog.

Zur Darstellung von Bewusstseinsinhalten gibt es spezielle Redeformen: die erlebte Rede und den inneren Monolog.

Um das technische Prinzip vorzustellen, betrachten wir folgende Textstelle:

Hans streifte ziellos durch die nächtlichen Straßen. Er überlegte, ob er ins Kino gehen sollte oder ob er vielleicht doch bei Marie vorbeischauen könnte. Er erinnerte sich daran, dass sie das letzte Mal sehr kühl gewesen war. Er war unsicher, was er tun sollte. Er fragte sich, in welchen Film er gehen könnte. Er wusste nicht einmal, was derzeit im Kino lief.

Diese kurze Passage über einen etwas ratlosen, unschlüssigen, hin und her gerissenen jungen Mannes enthält keinerlei Redeformen, die seine Gedanken intensiver darstellen könnten. Seine Unentschlossenheit wird nicht direkt zum Ausdruck gebracht. Der Text besteht ausschließlich aus breiter, indirekter Rede und wirkt dadurch eher berichthaft und nicht emotional. Versuchen wir es deshalb mit dem Einsatz der erlebten Rede, also der Gedankenwiedergabe ohne vermittelnde Satzteile wie *er überlegte, ob…; er erinnerte sich, dass…; er fragte sich, ob…* Dadurch wird die indirekte Rede quasi zur erlebten Rede. Wir rücken die Gedanken näher an unsere Figur heran, etwa so:

Hans streifte ziellos durch die nächtlichen Straßen. Sollte er vielleicht ins Kino gehen? Oder könnte er doch noch bei Marie vorbeischauen. Letztes Mal war sie so kühl zu ihm gewesen. Sollte er oder sollte er nicht? Nein, lieber doch nicht. In welchen Film könnte er überhaupt gehen. Was lief zurzeit eigentlich im Kino?

Merken Sie, wie die erlebte Rede den Text stärker in die Gedankenwelt der Figur verlegt? Versuchen wir es nun mit dem inneren Monolog, also der direkten Gedankenwiedergabe in der Form der direkten Rede:

Hans streifte ziellos durch die nächtlichen Straßen. Soll ich ins Kino gehen? Oder soll ich nicht doch bei Marie vorbeischauen. Aber so kühl, wie sie letztes Mal war. Nein, lieber nicht. In welchen Film könnte ich überhaupt gehen? Was läuft momentan eigentlich im Kino?

Das klingt in jedem Fall direkter und emotionaler, vielleicht aber ein wenig zu unvermittelt. Nicht alles ist nämlich so wichtig, dass es im inneren Monolog vorkommen muss, zum Beispiel die Frage *In welchen Film könnte ich überhaupt gehen?* Denn diese Redeform passt vor allem, wenn eine starke Emotion, ein innerer Zwiespalt ausgedrückt werden soll.

Hans streifte ziellos durch die nächtlichen Straßen. Sollte er ins Kino gehen? Oder vielleicht schau ich doch bei Marie vorbei. Aber so kühl, wie sie letztes Mal war. Nein, lieber nicht.
In welchen Film könnte er überhaupt gehen? Was lief eigentlich diese Woche im Kino?

Ein einfacher Trick, um die Gedankenwelt einer Figur möglichst real wiederzugeben, besteht darin, Redeanweisungen wegzulassen. Damit wird der Eindruck, dass jemand berichtet, die Gedanken also vermittelt, vermieden. Um aber auch das Sprunghafte, oft Unlogische, Assoziative und Formlose von Gedanken wiederzugeben, wird die Struktur der Sprache aufgebrochen. Gedanken werden in verkürzten, bruchstückhaften Sätzen wiedergegeben.

Verwenden Sie verkürzte Sätze und bruchstückhafte Reden ohne Anweisungen, um den Leser in die Gedankenwelt einer Figur zu versetzen.

Nehmen wir als Beispiel wieder unser Pärchen bei McDonald's. Es wurde ja bereits ein *hinterhältiger* Gedanke erwähnt, der dem Jungen *durch den Kopf schoss.*

Eine Passage, die diesen Gedanken ausbaut und möglichst real wiedergibt, könnte folgendermaßen aussehen:

Sie begaben sich von der chaotischen Hauptstraße in die moderne, unangemessene Sauberkeit von McDonald's. Das Lokal kam ihm in diesem Moment wie der Frühstücksraum in einem Fünfsternehotel vor. Und er, der unerschrockene Held, mittendrin, an seiner Seite die Prinzessin. Sie war aber auch wirklich süß, diese Vivian. Ein bisschen naiv vielleicht, aber wirklich süß. Und wie sie dieses »Himmlisch« hinhauchte, da soll einer nicht seinen Verstand verlieren? Ist auch sonst nicht ohne… Die Bedienung aber auch nicht. Mein Gott, eine richtige Schönheit ist das. Und wie frech mich die anschaut hinter ihrem Tresen. Ob ich vielleicht… aber Vivian, die wird sicher sauer reagieren. Wird sie das überhaupt? Kennen uns ja kaum. Genau! Gute Gelegenheit,

die Kleine gleich mal zu testen. Und was hatte er auch schon groß zu verlieren? Sie waren ja nicht verheiratet oder so.
»Sie möchte einen Hamburger«, sagte er beflissen. Die Bedienung nahm Block und Stift…

Schauen wir uns diese Szene erzähltechnisch einmal genauer an. Dabei stellen wir fest, dass die Gedanken des Jungen sowohl in der erlebten Rede als auch im inneren Monolog wiedergegeben werden. Eine Verbindung dieser zwei Formen ist, wie bereits erwähnt, häufig anzutreffen und durchaus sinnvoll.

Die erlebte Rede
Die Passage beginnt mit einem Bericht des Erzählers: *Sie begaben sich von der chaotischen Hauptstraße in die moderne, unangemessene Sauberkeit von McDonald's.* Allerdings klingt bereits in diesem ersten Satz die Sichtweise des Jungen in den wertenden Attributen *chaotisch, modern, unangemessen* durch. Auch im nächsten Satz gibt ein Erzähler die Empfindungen des Jungen wieder: *Das Lokal kam ihm in diesem Moment wie der Frühstücksraum in einem Fünfsternehotel vor.* Einen Satz später, in der erlebten Rede, wähnt man sich als Leser aber schon *mittendrin* in den Gedanken der Figur: *Und er, der unerschrockene Held, mittendrin, an seiner Seite die Prinzessin.*
Dieser dritte Satz ist eine erlebte Rede. Das Überleiten von der Außenbeschreibung, *Hauptstraße,* in die Schilderung der inneren Vorgänge, *Frühstückraums in einem Fünfsternehotel,* ist typisch für den Einsatz von erlebten Reden (und inneren Monologen). Dies dient dazu, den Leser von der Situation sozusagen in die Figur hineinzuführen und ihn so auch bei der Stange zu halten. Auf

diese Weise wird das Erleben des Bewusstseinsstroms vorbereitet.
Fassen wir die Merkmale nochmals kurz zusammen:
Die erlebte Rede gibt – wie der innere Monolog – Gedanken wieder. In der sprachlichen Form ist sie identisch mit der indirekten Rede, jedoch ohne dass Redeanweisungen wie das vermittelnde »dachte er« nötig sind. Durch den Wegfall dieser erzählerischen Floskeln entsteht bereits der Eindruck, dass man näher an die Figur heranrückt. Der Leser kann die Gedanken miterleben und wird in die Erlebnis- und Gedankenwelt einer Figur einbezogen. Die erlebte Rede steht in der dritten Person »er/sie«, was wiederum eine gewisse erzählerische Distanz vermittelt: *Und <u>er</u>, der unerschrockene Held, mittendrin, an <u>seiner</u> Seite die Prinzessin.*
Die erlebte Rede stimmt also formal mit der indirekten Rede überein. Der folgende kurze Vergleich soll aber die verschiedenartigen Wirkungsweisen demonstrieren. In indirekter Rede würde der vorherige Satz etwa so lauten:
Er dachte, dass er mittendrin, dass er ein wahrer Held sei und an seiner Seite stehe die Prinzessin.
Ziemlich sperrig, oder? Die erlebte Rede wirkt hier deutlich intensiver, näher an der Person, als diese indirekte Gedankenwiedergabe. Sie ist aber nicht so unmittelbar, wie es ein innerer Monolog wäre.
Bei den nächsten Sätzen handelt es sich ebenfalls um erlebte Reden (in der dritten Person). *Sie war aber auch wirklich süß, diese Vivian. Ein bisschen naiv vielleicht, aber wirklich süß. Und wie sie dieses »Himmlisch« hinhauchte, da soll einer nicht seinen Verstand verlieren?* Diese Passage wirkt aber schon so unmittelbar, dass sie als innerer Monolog gedeutet werden

könnte. Dies beruht vor allem auf den verkürzten Sätzen.

Die erlebte Rede gibt die Gedanken einer Figur mittelbar – in der dritten Person – wieder.

Der innere Monolog

Formal eindeutig als innerer Monolog erkennbar sind aber erst die folgenden Sätze:

Mein Gott, eine richtige Schönheit ist das. Und wie frech die mich anschaut hinter ihrem Tresen. Ob ich vielleicht... aber Vivian, die wird sicher sauer reagieren. Wird sie das überhaupt? Kennen uns ja kaum. Genau! Gute Gelegenheit, die Kleine gleich mal zu testen.

Der innere Monolog – eine Figur spricht also mit sich selbst – ist die wortgetreue Wiedergabe von Denkinhalten. Er wird in Form der direkten Rede in der ersten Person wiedergegeben. Allerdings gibt es keine Redeanweisungen, und der Satzbau ist meist sehr stark aufgebrochen. Diese Form gibt dem still Gedachten stets große Bedeutung und mehr Gewicht. Wenn Sie den inneren Monolog also einsetzen, dann in Situationen, die Emotionen zulassen und auch nahe legen. Der innere Monolog markiert daher oft den Höhepunkt innerhalb einer Szene.

So auch in unserer vorherigen Passage. Als der Junge die Bedienung sieht, ist er gefühlsmäßig am stärksten berührt, *Mein Gott*, und er befindet sich in einem Widerstreit. Soll er die Freundin testen oder nicht? Ein

solcher innerer Zwiespalt ist übrigens oft Inhalt des inneren Monologs, denn diese Form verdeutlicht ihn besonders gut.
Wie der Leser zu Beginn der Szene in die Figur hineingeführt wurde, so wird er nach dem emotionalen Höhepunkt auch wieder herausgeführt. Mit der Frage *Und was hatte er schon groß zu verlieren?* sind wir dann wieder bei der erlebten Rede in der dritten Person. Mit dem nachfolgenden Auftritt der Bedienung und dem Einsatz der direkten Rede befinden sich Darstellung und Leser wieder in der äußeren Szenerie und nicht mehr in der Gedankenwelt der Hauptfigur.
Erlebte Rede und innerer Monolog werden ganz allgemein dann eingesetzt, wenn der psychologische Aspekt einer Situation oder Person gezeigt werden soll. Wenn Sie also beispielsweise einen Psychokrimi schreiben wollen, werden Sie mit Sicherheit diese Techniken einsetzen müssen.
Vergleichen Sie nun diese neue McDonald's-Szene, in der die Gedanken des Jungen ausführlich dargestellt werden, mit den vorherigen Versionen. Sie werden feststellen, dass nicht nur ein neuer Inhalt hinzugekommen ist, sondern sich der Charakter der gesamten Szene verändert hat. Der Blickwinkel wurde von der äußeren Szenerie auf die innere Gefühlslage verlagert.

Der innere Monolog gibt die Gedanken einer Figur unmittelbar – in der ersten Person – wieder.

Wenn Ihnen das alles jetzt ziemlich kompliziert vorkommt, wundern Sie sich nicht. Schreiben ist grundsätzlich nicht leicht. Alles in und an Ihrem Text muss

gut überlegt sein, und dazu gehört auch der Einsatz der passenden Redeform. Nur so können Sie beim Leser die gewünschte Wirkung auch tatsächlich erzielen. Dabei müssen Sie an vieles gleichzeitig denken. Der Leser sollte in die Gedankenwelt einer Figur hineingeführt werden. Erlebte Rede und innerer Monolog werden je nach Gefühlslage der Figur und Wichtigkeit der Situation eingesetzt. Satzbau, Sprache und Stil müssen dem Kontext angepasst werden.
Bei dieser schwierigen Aufgabe haben Sie mächtige Verbündete: Ihr psychologisches Gespür und Ihr Sprachgefühl. Versetzen Sie sich in die Lage Ihrer Figuren und überlegen Sie sich, wie Sie selbst in der jeweiligen Situation sprechen und denken würden. Vertrauen Sie Ihrem Gefühl. Beim mündlichen Erzählen setzen Sie nämlich diese Redeformen ebenfalls alle ein, ganz unbewusst und auch ganz richtig. Als versierter Autor sollten Sie die Formen der Rede und ihre Funktionen allerdings genau kennen. Denn Ihr Sprachgefühl kann Sie im Stich lassen und dann sollten Sie sich zu helfen wissen.

Auch der Erzähler braucht Stil

Bertram vernahm leichte Schritte, die rasch näher kamen. Sein Blick ruhte gespannt auf der weit offen stehenden Tür. Dann, starr und fassungslos, gewahrte er die Gestalt, die in einem wunderschönen, hellblauen Seidengewand den Raum betrat, auf den Abt zueilte und ihn freudig erregt umarmte. Der, mühsam einige Tränen der Freude unterdrückend, hielt sie schließlich, sie wohlgefällig betrachtend, ein wenig von sich ab

und rief lachend:
»Meiner Treu … aber der Versuchung, euch noch einmal zu umarmen, kann selbst ein wackerer Gottesmann nicht widerstehen.« Und wieder schloss er die Wohlvertraute in seine Arme. Irmengard war in der Tat ein bildschönes Weib geworden und in Bälde würden die Edlen des Reiches die Frankenburg umlagern und heulen wie liebestolle Wölfe, um ihre Zuneigung zu erringen. Und einer dieser Wölfe stand noch immer wie erstarrt und fixierte die Fürstentochter. Erst als er des Fürsten Blick auf sich gewahrte, klappte Bertram den Unterkiefer wieder hoch und zog seine Stielaugen wieder ein. Das war also die Überraschung Numero eins! Die zweite aber sollte ihn noch mehr verwirren …

Diese Szene beschreibt das erste Aufeinandertreffen des jugendlichen Helden *Bertram* mit seiner späteren Liebe *Irmengard.* In dem Ritterroman aus dem 8. Jahrhundert versucht der Autor die Stimmung dieser Situation wie auch den allgemeinen zeitlichen Rahmen mithilfe der Erzählersprache zu bebildern und zu verdeutlichen. In historischen Texten ist dies ein notwendiges erzählerisches Mittel. Sie müssen jedoch sorgfältig darauf achten, dass die historische Sprache auch wirklich passend ist und den gesamten Text hindurch beibehalten wird.
In unserem Textbeispiel wird eine entsprechend altertümliche, aus heutiger Sicht antiquiert wirkende Sprache verwendet und das versetzt uns in die »alte« Zeit. Worte und Eigennamen sind so gewählt, dass der Eindruck einer zurückliegenden Epoche entsteht: *Irmengard, Bertram, vernahm, gewahrte, wohlgefällig, wacker,*

meiner Treu, Edle, Weib. Auch der komplizierte, verschachtelte Satzbau *Der, mühsam einige Tränen der Freude unterdrückend, hielt sie schließlich, sie wohlgefällig betrachtend, ein wenig von sich ab und rief lachend* und bestimmte Bilder, zum Beispiel *liebestolle Wölfe,* weisen auf eine vergangene Zeit hin. Allerdings scheinen auch hier einige Ausdrücke nicht so recht zu passen: *klappte den Unterkiefer wieder hoch; zog seine Stielaugen wieder ein; Überraschung Numero eins.* Diese Formulierungen sind eher der heutigen Sprache entlehnt. Deshalb passen sie nicht zu der Epoche, den Figuren und der Szene. Die Formulierungen wirken wie Fremdkörper und stören den angestrebten historischen Eindruck.

Passen Sie Satzbau, Wortwahl, bildhafte und auch floskelhafte Ausdrücke Ihrer Geschichte an.

Das Textbeispiel zeigt, dass für die Erzählersprache im Prinzip das Gleiche gilt wie für die Figurensprache. Auch sie ist in gewissem Sinne eine Rede – eben die des Erzählers. Am deutlichsten wird dies in der Ich-Erzählung. Denn hier erzählt eine in die Geschichte involvierte Figur mit all ihren sprachlichen Facetten und Eigentümlichkeiten. Solche sprachlichen Eigenheiten benötigt aber grundsätzlich jede Erzählung, auch die in der Er/Sie-Form. Vor allem aber gilt, dass es sich immer um eine vom Autor geschaffene Sprache handelt.

Sie sollten Ihre Erzählersprache bewusst gestalten.

Die Erzählersprache entspricht also nicht einfach nur dem Stil des Autors, den er wie selbstverständlich einsetzt und – eben auch in seinem Text – pflegt oder einem berühmten und lieb gewonnenen Vorbild vielleicht nur entliehen hat. Andererseits handelt es sich auch nicht um eine »philosophisch unergründliche Frage«, die den Autor in endloses Grübeln versetzt – Welchen Stil lege ich mir nur zu? –, bei deren Beantwortung er am Ende gar in Sprachlosigkeit verfällt. Erzählersprache und Erzählstil sind vielmehr wie die Figurenrede an bestimmte Kriterien gebunden, die beachtet werden müssen. Sie hängen immer von der Geschichte und den Darstellungsformen darin ab. Einen historischen Roman aus der Wilhelminischen Epoche wird man sicher anders erzählen als einen modernen, frechen Frauenroman. Einen auktorialen Erzähler wird man sicher anders sprechen lassen – souverän, hochsprachlich und korrekt – als einen tumben Ich-Erzähler, der eher unsicher, umgangssprachlich und fehlerhaft erzählen wird.
Die Erzählersprache muss also zum Dargestellten passen. Sie sollte aber auch einen persönlichen, unverwechselbaren Duktus aufweisen. Diese Sprache muss für den gesamten Text gelten und einheitlich sein – nur dann kann man von Stil sprechen.

Ihr Erzählstil ist dann stimmig, wenn er individuell, einheitlich und dem Text angepasst ist.

Wichtig ist, dass Sie in Ihrem Text zu einem stimmigen, einheitlichen Stil finden. Trotz dieser sprachlichen Linie im Text muss aber zwischen Erzählersprache und

Figurenrede unterschieden werden. Erinnern Sie sich: Sie sind als Autor nicht automatisch der Erzähler. Und natürlich sind Sie auch nicht identisch mit den Figuren im Text. Diese werden schon deshalb zwangsläufig anders sprechen als der Erzähler. Das gilt nicht nur formal, für Tonfall und Sprachduktus, sondern auch für den Inhalt, wie das folgende Beispiel zeigen soll:

Vera ging in die Küche und stellte die Tasche mit den Lebensmitteln auf den Tisch. Annas Köter war ihr gefolgt und schnupperte nun neugierig an der Tasche.
»Anna! Kannst du mal auf deinen Köter aufpassen?«, rief Vera in den Flur.

Der Erzähler hat – im Gegensatz zu Vera – eigentlich keinen Anlass, über Annas Hund verärgert zu sein. Dass er ihn als *Köter* bezeichnet, ist hier unangebracht. Achten Sie darauf, dass Ihr Erzähler nicht unmotiviert die Sprache der Figuren übernimmt – oder umgekehrt.

Unterscheiden Sie die Sprache Ihrer Figuren von der Ihres Erzählers.

Betrachten wir ein weiteres Beispiel, das zeigt, warum die Erzählersprache nicht nur zum Gesamttext, sondern auch zur momentanen Situation passen muss:

Augenblicklich aber schossen beide Hände wieder hoch, erfassten das Glas und führten es zu den Augen. Seine Rechte begann zu zittern und der Körper des Mannes spannte sich. Wellen der Er-

regung überliefen sein Gesicht. Die Wangenknochen traten – in dem Bestreben, die innere Ruhe wieder zu finden – scharf hervor. Er musste das Glas sinken lassen ... Auch auf die Gefahr hin, die einmal erspähte Bewegung nicht mehr wieder zu finden. Gewaltsam versuchte er der Erregung, die ihn gepackt hatte, die vibrierend durch sein Inneres jagte und ihn lähmte, wieder Herr zu werden. Er schloss die Augen und während er die Leidenschaft niederkämpfte, wurde sein gebräuntes Gesicht mal dunkelrot, mal aschgrau.

Nach geraumer Zeit ruhiger geworden, nahm er das Glas wieder vor die Augen. Seine Gesichtszüge entspannten sich nach einem Augenblick vollends, als er die Ursache seiner Aufregung nun deutlich durch die Getreidehalme am Feldrand kommen sah. Es war nicht der starke Bursche, sondern eine Bache, der nun auch sieben ängstlich quiekende Frischlinge folgten. Der junge Forstmann sah eine Weile dem übermütigen Treiben zu und überlegte: Man könnte die Stärksten der Frischlinge schießen, etwa fünfundzwanzig bis dreißig Pfund haben sie ...

Der Held dieses Heimatromans, ein Jäger, glaubt, endlich den lange ersehnten Eber erspäht zu haben. Die ausführliche Beschreibung vermittelt durchaus ein Bild der Szenerie und des Gemütszustands des Mannes. Veranschaulicht sie aber tatsächlich die momentane Situation? Bekommt der Leser einen wahren Eindruck? Doch wohl eher nicht. Denn sie führt den Leser eigentlich in die Irre. Man erwartet nämlich von beziehungsweise nach dieser dramatischen Schilderung etwas anderes, eben Dramatisches. Sobald der Leser erkennt, dass es nur um eine Bache geht, ist er doch etwas enttäuscht. Der Gefühlsaufwand in Umfang und Sprache: *die Erregung, die vibrierend durch sein Inneres jagte* erscheint unangemessen und übertrieben. Die Bedeutsamkeit, die die Sprache andeutet, entspricht nicht der Szenerie. Hier gewinnt man ein wenig den Eindruck, dass dem Autor aus einer sprachlichen Verliebtheit heraus der Gaul, sprich die Sprache, durchgegangen ist. Und man fragt sich, zu welchen Mitteln überhaupt noch gegriffen werden könnte, falls der Jäger tatsächlich einmal dem *starken Burschen* begegnen sollte. Auch bei den sprachlichen Mitteln gilt der Grundsatz der Verhältnismäßigkeit.

Passen Sie Ihre Erzählersprache der Situation und dem Inhalt der Szene an.

Dieses Beispiel verdeutlicht die grundsätzliche Verbindung zwischen Sprache, Stil und Inhalt eines Textes. Sie sollten also beachten, dass zum Beispiel eine gehobene Erzählersprache dem Text nicht nur eine poetische Note verleiht, sondern auch mit dem Inhalt konform gehen muss. Ein Krimi etwa, der – was nicht abwertend gemeint ist – nur die spannende Aufdeckung eines Verbrechens verfolgt, benötigt nicht unbedingt eine Sprache vom Kaliber Hölderlins. Grundsätzlich gilt hier der Grundsatz: weniger ist oft mehr. Jedenfalls verzeiht man in einem thematisch tief gehenden Gesellschaftsroman eine einfache Sprache eher als einen banalen Inhalt in einem geschraubt geschriebenen Text.

Andererseits ist die Erzählersprache im Text immer etwas anderes als ein mündlicher Bericht. Es sei denn, ein Ich-Erzähler will ausdrücklich gerade diese Form der mündlichen Wiedergabe vermitteln oder imitieren. Umgangssprache hat hier normalerweise nichts verloren, die Sprache sollte korrekt und flüssig sein. Vermeiden Sie grundsätzlich holprige und ungelenke Formulierungen. Sie sollten immer bestrebt sein, dass Ihre Sprache beziehungsweise die Ihres Erzählers gut klingt.

Figurenrede und Erzählersprache müssen stets vom Autor entworfen werden. Er ist es, der die Figuren im Text reden lässt und dem Erzähler eine Stimme gibt. Beides gestalten Sie als Autor nach Ihrer Fasson sowie nach Ihren Bedürfnissen und Absichten. Deshalb muss der Erzählstil nicht nur Ihrem Geschmack entsprechen, sondern auch auf den Inhalt des Textes Rücksicht nehmen. Nur wenn beides beachtet wurde und übereinstimmt, kann die Sprache eines Werks als stimmig bezeichnet und von Stil gesprochen werden.

Das gilt auch, wenn Figuren im Text reden. Sie haben ebenfalls ihren eigenen Stil, den Sie als Autor ihnen geben. Lassen Sie die Figuren so sprechen, wie es deren Persönlichkeit und der jeweiligen Situation entspricht.

Zu einer verständlichen und nachvollziehbaren Gesprächssituation gehört darüber hinaus, dass Sie unter Umständen das gesamte Repertoire an Gesten und Gebärden wiedergeben müssen. Neben Ausdrucksweise, Wortwahl und Satzbau stehen Ihnen zur Darstellung von Gesprächen außerdem spezielle Techniken, die verschiedenen Redeformen, zur Verfügung. Diese bestimmen maßgeblich, ob eine Rede dem Leser vermittelt oder unvermittelt, wichtig oder eher nebensächlich erscheint.

Jetzt kennen Sie eine Menge Gesichtspunkte, die Sie bei der sprachlichen Umsetzung Ihrer Geschichte berücksichtigen müssen. Doch vergessen Sie darüber nie Ihr natürliches Sprachgefühl, denn das sagt Ihnen in der Regel sehr zuverlässig, ob Sie Sprache richtig eingesetzt haben.

5. Beschreibung von Innen- und Außenräumen

Der Raum war 20 qm groß, stilvoll und wohnlich eingerichtet.

Außen- und Innenräume umgeben uns tagtäglich in verschiedenen Formen: als Räume mit Mobiliar, als Geräusche, Licht, Gerüche, Bilder, Farben, Natur. Meist entgehen sie unserer genauen Betrachtung und fügen sich fast unbemerkt in unseren Alltag ein. Anders ist es beim Schreiben. Die Umgebung, in der ein Text spielt oder eine Figur sich bewegt, ist nicht selbstverständlich vorhanden. Sie als Autor müssen sie erschaffen, egal ob alltäglich und banal oder exotisch und ungewöhnlich.

Räume sind keine leeren Kulissen

Eine Umgebung existiert niemals unabhängig von der Figur, dem Kontext, der Textart. All diese Elemente werden individuell und situationsabhängig unterschiedlich wahrgenommen. Sie müssen also die äußere Umgebung entsprechend der Situation und der Wahrnehmung Ihrer Figur gestalten und einbauen. Die oberste Maxime dabei lautet: Alle Sinne des Lesers müssen angesprochen werden.

Richten Sie die Beschreibung von Räumen nach der Situation und Stimmung Ihrer Figur. Sprechen Sie dabei alle Wahrnehmungsmöglich-

keiten des Lesers an: Sehen, Hören, Riechen, Schmecken, Fühlen, Empfinden.

Innenräume

Fangen wir mit der Ausstattung sowie dem Mobiliar von Innenräumen an. Der gedachte Raum soll folgendermaßen aussehen:

Es ist ein weiß getünchtes Haus, einstöckig, ein kleiner Garten befindet sich vor dem Haus, umgeben von einem Zaun aus dunklen Holzlatten. Zum Haus führt ein schmaler Kiesweg. Zwei Stufen führen zur Haustür. Man tritt in eine kleine Diele mit terrakottafarbenen Fliesen. Rechts eine kleine Küche, links das Wohnzimmer. Im Wohnzimmer, etwa vier mal fünf Meter groß, steht eine Schrankwand aus dunklem, poliertem Holz, mit einzelnen Regalabteilen für Bücher. Sie hat eine Tür, hinter der sich eine Bar befindet, die beleuchtet ist. Gegenüber der Zimmertür steht ein braunes Ledersofa, davor ein Couchtisch, ebenfalls aus dunklem Holz, und daneben ein Ledersessel. An der Decke ein Halogenstrahler. Neben dem Sofa befindet sich eine Stehlampe mit dünnem schwarzen Metallstiel und einem schwarzen Schirm.

So weit die Beschreibung der Räume, die in dieser Form nur eine Mobiliaraufzählung ist, mit zahlreichen Details und an keine Erzähl- oder Figurenperspektive sowie Stimmung gebunden. Bei vielen Autoren klingt es anfangs so oder ähnlich. Sie denken, sie müssten beschreiben, wie alles aussieht, damit der Leser weiß, wo er sich befindet. Meist tun sie das, noch bevor eine Figur auftritt oder ein bestimmter Blick auf die Umgebung gerichtet wird. Wahrscheinlich hat der Leser die Einrichtung gleich wieder vergessen oder kann sie sich überhaupt nicht recht vorstellen. Zwar müssen Sie als Autor Ihre Räume – Haus, Straße, Stadt etc. – genau kennen, aber Sie sollten sie nicht beschreiben, um einen vollständigen Bericht zu geben. Stellen Sie stattdessen Ihre Figur in den Raum und binden Sie die Darstellung des Raumes/Inventars an die Handlung und die herrschende Stimmung.

Bei der auftretenden Figur handelt es sich um einen Mann, beruflich ganz gut situiert. Er ist als Scheidungsanwalt in einer größeren Kanzlei tätig, ungefähr vierzig Jahre alt und lebt allein. Wie jeden Abend kommt er von der Arbeit nach Hause. Doch heute hatte er ein Gespräch mit seinem Chef, in dem er erfahren hat, dass die Kanzlei verkleinert und er seine Stelle verlieren wird. Unser Mann ist also in einer gedrückten Stimmung, er macht sich Sorgen, wozu er ohnehin neigt. Damit die sorgenvolle Stimmung auch für den Leser erkennbar wird, müssen wir sein Verhalten und seine Wahrnehmungen passend bebildern. Man empfindet ja auch eine vertraute Umgebung anders, je nachdem, ob man gut oder schlecht gelaunt ist. Lassen Sie den Leser die Räume also durch die Figur erleben. Etwa so:

Er öffnete die kleine Tür zum Vorgarten und ging den knirschenden Kiesweg entlang. Das scharfe Geräusch unter seinen Schuhen kam ihm heute seltsam laut vor. Langsam ging er die zwei Stufen zur Haustür hoch, suchte seinen Schlüssel aus der Manteltasche und schloss auf. In der Diele zog er seinen Mantel aus, hängte ihn an die Garderobe und ging gleich ins Wohnzimmer. Er musste einen Schluck trinken. Er machte Licht und trat zu dem dunklen, polierten Schrank. Sein Gesicht schaute ihm aus dem glänzenden Holz entgegen wie aus einem stillen, dunklen Wasser. Er öffnete die Klapptür zur Bar. Das Licht brach sich hell im kalten Glas der Flaschen. Dann goss er sich einen Whisky ein und ließ sich in den schweren Ledersessel fallen. Was für ein Tag! Das Zimmer, das ihn sonst immer mit Behagen erfüllte, wirkte heute irgendwie enger, als wären die Wände näher gerückt …

So oder ähnlich könnte eine mit der Figur verbundene Raumbeschreibung aussehen. Ohne dass die Einrichtung explizit aufgezählt wird, baut der Autor sie im Zuge des Geschehens und in der Weise ein, wie sie in der Situation eine Rolle spielt. Diese Räume und Motive müssen sich dann auch weiterhin durch den Text ziehen, damit sich der Leser das Bild dieser Umgebung einprägen kann.

Stellen wir uns nun vor, die Hauptfigur, unser Mann, kommt in gehobener Stimmung in dieselbe Wohnung. In seinem Büro hat er heute eine junge Frau – Klientin in einer Scheidungssache – kennen gelernt, die ihm auf Anhieb sympathisch war. Er freut sich auf die weitere Arbeit an ihrem Fall:

Er öffnete die kleine Holztür zum Vorgarten und ging den schmalen Kiesweg zum Haus. Der Kies knirschte forsch und aufmunternd unter seinen Schuhen. Er nahm die zwei Stufen zur Haustür auf einmal, holte seinen Schlüssel aus der Manteltasche und schloss auf. Die kleine Diele empfing ihn anheimelnd. Er hängte seinen Mantel an die Garderobe und ging ins Wohnzimmer. Jetzt würde er erst einmal ein Glas trinken. Er machte Licht und trat zu dem braunen, polierten Wandschrank, hinter dem sich die Bar befand. Er lächelte seinem verschwommenen Bild, das sich im dem glänzenden Holz spiegelte, kurz zu und schloss die Klapptür auf. Das Licht brach sich blitzend an dem kalten Glas der Flaschen und die honigbraunen und bernsteinfarbenen Flüssigkeiten vermittelten ihm ein Gefühl des Behagens. Er goss sich einen Whisky ein und setzte sich in den behäbigen Ledersessel. Wieder sah er das Bild der jungen Frau mit dem dunklen Pagenschnitt vor sich.

Durch die veränderte Beschreibung einzelner Raumdetails wie *aufmunternd knirschender Kies* entsteht eine positivere Stimmung als in der ersten Fassung.
Wenn nun eine fremde Figur einen Raum betritt, ändert sich die Art der Beschreibung wiederum. Ein Fremder, der die Räumlichkeiten noch nicht kennt, für den alles neu ist, nimmt andere Dinge wahr. Zudem sieht er sie anders als die dort wohnende Person. Nehmen wir zum Beispiel eine Figur, die sich an das Haus heranschleicht, weil sie einen Einbruch plant:

Er öffnete vorsichtig die niedrige Gartentür und sah sich nach allen Seiten um. Hoffentlich quietschte sie nicht. Nein, sie glitt geschmeidig in den Angeln. Er nahm nicht den Kiesweg, wo seine Schritte knirschen würden, sondern trat in den Rasenstreifen rechts des Wegs. Auf Zehenspitzen ging er zum Fenster rechts neben der Haustür und spähte hinein. Es brannte kein Licht. Er schirmte seine Augen mit beiden Händen ab, um etwas zu sehen. Doch er erkannte nur dunkle Schemen, einen Tisch in der Mitte mit Stühlen drum herum, wahrscheinlich die Küche. Vorsichtig tastete er sich zur anderen Seite der Haustür. Durch das Fenster fiel ein Lichtschimmer. Er trat näher heran und schaute durch die Scheibe. Gegenüber stand ein dunkler, glänzender Holzschrank mit einer offenen Tür, hinter der Flaschen aufblitzten. Dann entdeckte er den Mann, der in einem Ledersessel saß und ein Glas in der Hand hatte …

Auch hier dieselben Gegenstände, dieselbe Umgebung, aber aus der neutralen, eher registrierenden Sicht eines Menschen, der mit diesen Dingen, dieser Umgebung noch nichts zu tun hat.
Das ist nur eine Möglichkeit von vielen, einen Raum mit der Handlung zu verknüpfen, um über die bloße Aufzählung hinauszugehen. Dabei kommt es auf die Wahl der Adjektive, der veranschaulichenden Vergleiche an. Allerdings geht es nicht darum, viele oder wenige Adjektive, sondern die zur Situation passenden zu verwenden. Wählen Sie beschreibende Adjektive und Attribute aus: goldfarben, bernsteinfarben, aufmunternd knirschen usw. Vermeiden Sie aber wertende wie schön, wunderbar, toll, überwältigend usw.

Suchen Sie für Ihre Beschreibungen nach charakterisierenden, bildhaften Adjektiven und Vergleichen. Vermeiden Sie wertende Attribute.

Ist die Situation hektisch, so müssen Sie weniger beschreiben, als wenn eine Figur Zeit hat, sich in Ruhe umzusehen, oder möglicherweise sogar gezwungen ist, sich Dinge genau einzuprägen. Entscheidend ist also, dass die Beschreibung von Raum motiviert ist. Wie Sie die Umgebung schildern, hängt in erster Linie davon ab, welche Stimmung Sie erzeugen wollen. Und die Stimmung der Figur wiederum beeinflusst die Art und Weise, wie Sie Ihre Beschreibung einsetzen sollten. Sehen Sie die Figur vor sich? Was tut sie und wie tut sie es?

Außenräume

Ähnliches gilt für Außenräume, Naturschilderungen, für Beschreibungen von Straßen und Örtlichkeiten überhaupt. Unabhängig von Textart und Figur gibt es keine Welt.

Ein Fehler, den viele Autoren machen, ist die von der Figur losgelöste Beschreibung von Natur oder Naturschönheiten. Meistens wollen sie damit eine idyllische Beschreibung liefern oder eine Metapher gefällt ihnen besonders gut:

Es war früher Morgen. Das Tal lag friedlich in saftigem Grün zwischen den Bergen, von der Sonne golden angestrahlt, und Tiefenbach glänzte mit seinen taufeuchten Dächern und der kupfernen Kirchturmspitze wie eine fein ziselierte Brosche in einem grünen Samtbett. All diese Schönheit sah Herbert Berger nicht. Er hatte es eilig ins Büro zu kommen, um den Fall der ermordeten Christiane weiter zu bearbeiten. Irgendwie steckte er fest.

Wer aber sieht die Schönheit, wenn nicht die Figur? Und was ist an dieser Schönheit bemerkenswert, wenn die Figur sie nicht wahrnimmt? Aber selbst wenn diese Figur sie sehen würde, wäre sie im Moment wohl nicht in der Verfassung, die Umgebung als idyllisch wahrzunehmen. In diesem Fall sind Schönheit und Idylle sozusagen nicht vorhanden. Natürlich sieht die Figur, auch wenn sie von anderen Dingen absorbiert ist, irgendetwas. Aber sie sieht es anders als sonst. Um die schönen Bilder wie das *grüne Samtbett* und die *Brosche* zu retten, die Abgelenktheit der Figur aber trotzdem schildern zu können, wenden wir einen Trick an. Die Beschreibung sähe dann in etwa so aus:

Die Sonne schoss ihre gleißenden Strahlen ins Tal, über die taufeuchten Dächer von Tiefenbach. Die schiefergrauen Berge schienen sich drohend aufzurichten. Sonst freute sich Herbert Berger immer am Anblick der Hand voll Häuser und der kupfernen Kirchturmspitze, die sich in das Tal schmiegten und ihm manchmal vorkamen wie eine fein ziselierte Brosche in einem grünen Samtbett. Doch heute fand er das spielzeugkleine Dorf in seiner trügerischen Ruhe fast kitschig. Er war müde. Im Büro wartete der Fall der ermordeten Christiane auf ihn. Das gleichförmige Brummen seines Wagens bohrte sich in seine Ohren.

Sie können also durchaus Bilder verwenden, die zwar nicht zur momentanen Situation passen, der Figur jedoch geläufig sind. Wichtig ist dabei, dass sich das Bebildern nicht auf den Autor bezieht, sondern immer an der Situation und am Fassungsvermögen der Figur ausgerichtet ist.

Das Beschreiben von Außenwelt wird etwas einfacher, wenn Sie sich die Szene, die Figur und die im jeweiligen Kapitel darzustellende Handlung wie in einem Film unmittelbar vor Augen führen. Beachten Sie dabei, dass es nicht um Ihre eigenen Vorlieben und Vorstellungen von Natur geht. Der Maßstab ist eine geschaffene Figur. Auch wenn Sie selbst diese Figur sind – in einem autobiografischen Text zum Beispiel –, müssen Sie sich und uns in die jeweilige Situation hineinversetzen.
Als Nächstes wenden wir uns der Beschreibung von Stadt zu, und zwar aus der Sicht einer Figur, die dort fremd ist. Die Situation ist – noch ohne szenische, räumliche Einbindung – in etwa folgende: Jane, eine junge Amerikanerin, kommt zum ersten Mal nach Deutschland, nach Köln, wegen eines Mannes namens Bernd, den sie für ihre große Liebe hält.
Das heißt, die Figur kann kaum Deutsch, sie kennt keine Namen, keine Sehenswürdigkeiten etc. Sie sieht nur Bilder, Silhouetten und fremde Gebäude, die sie aus ihrem persönlichen Empfinden heraus wahrnimmt. Solche Texte klingen am Anfang oft folgendermaßen:

Nach etwa eineinhalbstündiger Fahrt tauchte in der Ferne die Silhouette der Domstadt auf. Als sie über die Severinsbrücke fuhren, von der man einen guten Ausblick hatte, bestaunte Jane den Kölner Dom. Aber die Stadt Köln kam ihr im Vergleich zu New York wie eine entzückende Kleinstadt vor. Alles war so anders hier. Köln besaß zwar auch Hochhäuser, aber doch nicht in solchen Dimensionen, wie Jane es gewohnt war. Etwas befremdet registrierte sie, dass Bernd in der Tiefgarage des Maritim-Hotels parkte.

»Ich habe dir hier ein Zimmer reservieren lassen. Ich hoffe, das ist dir recht so.«
Enttäuscht nickte sie mit dem Kopf. Insgeheim hatte sie gehofft, bei ihm wohnen zu können.
»Ruhe dich erst einmal aus. Sicher bist du müde. Ich habe noch ein, zwei Dinge zu erledigen und hole dich dann heute Abend zum Essen ab, einverstanden?«
Er überreichte ihr eine Zimmercodekarte, auf der die Nummer 357 eingetragen war, und verschwand eiligen Schrittes wieder in Richtung Tiefgarage zu seinem Wagen.
Jane fühlte eine starke Beklemmung in sich aufsteigen. Hilflos schaute sie sich in der riesigen Hotelhalle, die voller exotischer Pflanzen war, um. Gerade als sie sich fragte, was sie hier eigentlich machte, kam ein Hotelpage auf sie zu und bot ihr seine Hilfe an.
Sie war den Tränen nahe, als sie ihm die Zimmercodekarte überreichte; so hatte sie sich ihren Aufenthalt in Deutschland nicht vorgestellt.
In ihrem Zimmer angekommen, musste sie feststellen, dass nicht nur bereits alles für sie vorbereitet war, sondern dass man auch an Siam gedacht hatte. In einem weiß marmorierten Bad stand unter dem Waschbecken eine Katzentoilette. In dem kleinen Vorraum, der zum Hotelzimmer gehörte, stand ein frisch gefüllter Fressnapf neben einer Wasserschale.
Zur Einrichtung ihres Zimmers, mit Blick auf das Rheinufer, gehörte neben einem eleganten Bett mit dazu passendem Kleiderschrank und Kommode auch noch ein Schreibtisch, auf dem ein Telefon stand.

Vor der Balkontüre stand ein heller, mit chinesischer Rohseide bezogener Sessel und davor ein kleiner Tisch. Dort befand sich eine Bedienungsanleitung für das Fernsehgerät und das Telefon in mehreren Sprachen.
Sie setzte sich in den gemütlichen Sessel und ließ sich vom Zimmerkellner einen Kaffee bringen.

So weit der erste Entwurf für diese Szene. Günstig für die Motivation des Beschreibens ist, dass die Figur neu angekommen ist. Ihre Sicht des Neuen lenkt die Darstellung. Allerdings ist hier der Blick der Figur noch nicht stimmig geschildert. Denn sie erkennt sicher nicht die Domstadt, den Kölner Dom, die Severinsbrücke, sondern nimmt lediglich Bilder auffälliger Baulichkeiten wahr. Das müssen Sie schildern und deshalb von Ihrem eigenen Wissen abstrahieren. Oft verraten Autoren in solchen Texten ihre eigenen Vorlieben und ihren eigenen Geschmack. Man merkt, dass der Autor sich in Köln einigermaßen auskennt und es ihm dort wahrscheinlich auch gut gefällt. Aber wir wollen ja wissen, wie Jane ihre ersten Momente in der fremden Stadt erlebt, und sie kennt sich überhaupt nicht aus.
Vieles, zum Beispiel die Fahrt, ist resümierend geschildert und sehr gerafft dargestellt. Die Stimmung in dieser Situation und die Wahrnehmung des Hotelzimmers sind der deprimierten Verfassung Janes nicht angepasst. Denn man lässt sich nicht in einen *gemütlichen* Sessel fallen, wenn man nicht gemütlicher Stimmung ist. Vieles ist nur mit einem Begriff abgehandelt, etwa die exotischen Pflanzen. Doch wie sehen sie aus? Wie wirken sie? Auch von der Stimmung, die das Wetter – regnet es, ist es trüb oder sonnig – hervorruft, ist

nichts zu spüren. Die Logik des Handlungsablaufs ist noch brüchig. Bernd und Jane fahren in die Tiefgarage, es wird jedoch nicht gesagt, wo sie sich dann hinbegeben. Sie müssen sich aber von dort fortbewegt haben, da Bernd nach Übergabe der Zimmercodekarte wieder in die Tiefgarage geht. Über ihn wird überhaupt nichts Genaueres gesagt, obwohl Jane doch seinetwegen gekommen ist. Sie müsste ihn ab und zu betrachten, versuchen seinen Gesichtsausdruck zu deuten etc. Die Reihenfolge der Zimmerbeschreibung ist ebenfalls noch etwas unlogisch. Zunächst wird das Badezimmer mit dem Katzenklo erwähnt, anschließend der Vorraum mit dem Fressnapf, dann erst der Wohn-Schlaf-Raum. Jane geht aber sicher zuerst durch den Vorraum, danach in den Wohn-Schlaf-Raum und dann erst ins Bad. So sollte auch die Schilderung ihrer Wahrnehmung sein. Wie könnte nun so eine Szene aussehen? Versuchen wir, die Orte nur aus der fremden Sichtweise zu beschreiben und die Räume in die Stimmung der Figur einzupassen, indem wir gleichzeitig alle Sinnesorgane des Lesers ansprechen:

Vor ihr tauchte die Silhouette der Stadt auf. Der Himmel war von einem bleiernen Grau, sodass der Hintergrund fast wie auf einem Schwarzweißfoto aussah. Sie überquerten eine Brücke, die zwischen hohen schmalen Pfeilern hindurchführte, von denen aus Drähte verliefen, als würde eine Spinne gerade die Fäden ihres Netzes spannen. Das Wasser des Flusses – das musste wohl der Rhein sein – floss olivgrün und träge dahin. Zwei scharf aufragende, mächtige, schiefergraue Kirchtürme mit Verzierungen, die wie Widerhaken aussahen, überragten die Häuser und

Büros. Im Gegensatz zu New York, wo in den Straßenschluchten oft nur hoch oben ein Stückchen Himmel zu erkennen war, kam ihr Köln fast wie eine Spielzeugstadt vor. Alles war so anders hier. Sie warf einen schnellen Seitenblick auf Bernd, aber der sah schweigend und konzentriert geradeaus. Schließlich hielten sie vor einem großen Hotel, dem »Maritim«.
»Ich habe dir hier ein Zimmer reservieren lassen. Ich hoffe, das ist dir recht so«, sagte Bernd.
Sie nickte. Wie enttäuschend! Insgeheim hatte sie gehofft, bei ihm wohnen zu können.
»Ruh dich erst einmal aus. Du bist sicher müde. Ich habe noch ein, zwei Dinge zu erledigen und hole dich dann heute Abend zum Essen ab, einverstanden?«
Jane nickte wieder. Er gab ihr eine Zimmercodekarte, Nummer 357, wartete, bis sie ausgestiegen war, und fuhr los. Sie sah dem Wagen nach und fühlte eine starke Beklemmung in sich aufsteigen. Dann ging sie langsam in die Hotelhalle. Hilflos schaute sie sich in der riesigen Halle um. Exotische Pflanzen mit dunkelgrünen, tennisschlägerartigen Blättern oder fächerförmigen Palmwedeln standen in den Nischen und wirkten seltsam fehl am Platz. Was machte sie eigentlich hier? Sie war den Tränen nah und presste die Lippen aufeinander. Ein Hotelpage kam auf sie zu und sie gab ihm ihre Zimmercodekarte. »Wenn Sie bitte zur Rezeption kommen wollen.« Sie erledigte die Formalitäten. Jane Norton aus New York, geboren am … Tag der Abreise … Sie hielt kurz inne. Nein, sie war sich nicht mehr sicher, wie lange sie wirklich bleiben würde. Schließlich trug sie ein Datum

ein. Eine Woche, also bis ... »Wir wünschen Ihnen einen schönen Aufenthalt, Miss Norton.« Das Lächeln des Hotelangestellten kam ihr maskenhaft vor.
Dann ging sie auf ihr Zimmer. Im Vorraum stand ein frisch gefüllter Fressnapf. Sie hatten sogar an Siam gedacht. Jane musste unwillkürlich lächeln. Sie betrat das Zimmer und ging zur Balkontür. Von dort hatte sie einen Blick auf den Fluss mit seinen trägen Fluten. Dann blickte sie sich im Zimmer um. Das breite Bett, der Schrank und die Kommode, der Schreibtisch, der Fernseher, alles wirkte unbewohnt und verlassen. Sie wandte sich ab und ließ sich in den Sessel neben der Balkontür fallen. Sie fühlte sich schwer, als würde sie darin versinken und nicht mehr herauskommen. Vielleicht sollte sie sich erst einmal einen Kaffee bestellen.

So weit der Versuch einer verbesserten Version. Natürlich gibt es zahllose Möglichkeiten der Bebilderung und ebenso zahlreiche Varianten der Stimmungswiedergabe. Wenn etwa die Sonne scheint, wird Jane das nicht als wunderschönes Wetter empfinden, sondern eher als Hohn, angesichts ihrer gedrückten Stimmung. Wir haben außerdem Motive zur Verdeutlichung des Verstricktseins eingebaut, nämlich die *Spinne im Netz*, die *Widerhaken* und das *Versinken im Sessel*. Diese bildhaften Motive und Metaphern deuten dem Leser schon an, dass Jane in Schwierigkeiten geraten wird. Hier sind Ihre Vorstellungskraft und Ihre Fantasie als Autor gefragt. Was die Genauigkeit der Bebilderung betrifft, so ist Voraussetzung, dass Sie die zu beschreibenden Örtlichkeiten, den Ablauf eines Vorgangs – Anmeldung im Hotel – genau kennen. Gegebenenfalls müssen Sie Einzelheiten nachprüfen.

Historische Räume

Wie ist es aber mit einem historischen Umfeld? Der moderne Leser kennt diese Räume nicht aus eigener Anschauung. Wie sieht dann eine Schilderung aus? Muss der Autor beschreiben, wie die Szenerie aussieht, damit der Leser sie sich vorstellen kann?

Im Prinzip macht es keinen Unterschied, wo die Räume Ihres Romans angesiedelt sind und in welcher Zeit die Handlung spielt. Da Sie keinen Kunst- oder Reiseführer schreiben, muss auch hier die Welt in Beziehung zu den handelnden Figuren gesetzt werden. Das heißt, die Figuren bewegen sich durch den Raum und nur insoweit sie diesen – als vertraut oder fremd – wahrnehmen, fließt er auch in den Text ein. Nehmen wir zum Beispiel den Felsendom in Jerusalem. Sie schreiben einen Roman über die Kreuzzüge Ende des 12. Jahrhunderts. Ein junger Templer geht auf den Dom zu:

Der Felsendom war achtseitig, niedrig und breit, von heller Sandfarbe und im oberen Teil der Grundmauern mit blauweißen Mosaiken verziert. Er trug eine mit länglichen Goldplatten bedeckte mächtige Kuppel. Das Portal war durch einen säulengetragenen Vorbau zu erreichen. Der junge Templer trug ein weißes Gewand mit einem blutroten Strahlenkreuz, darunter ein Kettenhemd und ein Schwert. Der Himmel war heute strahlend blau.

Das ist ein Bericht mit einigen baulichen und historischen Details, die recherchiert sind und auch stimmen.

Doch was fängt der Leser damit an? Wo ist die Handlung, die den Felsendom als Kulisse braucht? Stellen wir unseren jungen Templer deshalb in die Szenerie und lassen ihn agieren. Etwa so:

Der junge Templer ging über den blendend hellen Sandboden auf den Dom zu. Der Himmel war so blau, dass er fast die Augen schließen musste. Die Sonne schoss blitzende Lichtpfeile von der goldenen Kuppel ab, die wie ein prächtiger Helm auf dem behäbig breiten Bau saß. Als wollte Gott ihn warnen! Der Templer hielt kurz inne, ließ seinen Blick über die hellen Mauern mit den meerblauen und weißen Mosaiken gleiten und ging dann durch den säulengestützten Vorbau zum Portal. Die harten Glieder seines Kettenhemds unter dem weißen Gewand mit dem roten Strahlenkreuz drückten sich in die Haut. Er griff kurz an sein Schwert, wie um sich zu vergewissern, dass es noch da war, und öffnete das Portal …

Hier haben wir nun dieselben Informationen wie in unserem Bericht: die *goldene Kuppel*, den *blauen Himmel*, die Kleidung des Templers usw. Aber sie sind in die Geschichte eingebaut, in das Empfinden der Figur, der diese Umgebung vertraut ist. Das Prinzip ist wieder, dem Leser keine nackten Informationen zu liefern, sondern diese in der Geschichte zu vermitteln.

Bilder und Vergleiche machen Räume lebendig

Zur wirkungsvollen Beschreibung sind natürlich Ihre Fantasie, Ihr Wissen und Ihr Sprachgefühl gefragt. Um

Ihren Schatz an Beschreibungen, Metaphern, Vergleichen und Bildern zu erweitern, sollten Sie auch Stilwörterbücher sowie Wörterbücher über Symbole und deren Bedeutung verwenden. Auch wenn viele symbolische Bedeutungen heute nicht mehr bekannt sind, machen sie doch Ihren Text reicher, tiefer und geben ihm zusätzliche Bedeutungen.

Beobachten Sie die Umgebung genau. Düstere Farben erzeugen düstere Stimmungen. Es spielt eine entscheidende Rolle, ob Sie eine Schneedecke mit einem Leichentuch vergleichen oder mit einem glitzernden Samtstoff. Es ist auch wichtig, Nuancen festzuhalten, beispielsweise Farbnuancen.

Oberster Grundsatz bei der Auswahl der Zuordnungen und Bilder ist die Vermeidung wertender Adjektive von Seiten des Erzählers. Ihre Figuren können natürlich je nach Typ zum Beispiel wertend, obszön oder umgangssprachlich sprechen.

Wenn ein Sonnenuntergang als toll, überwältigend, wunderbar beschrieben wird, sagt dies dem Leser nichts. Das vermögen auch die neuesten Wortschöpfungen wie affengeil, megastark nicht, selbst wenn sie noch so viele Steigerungen enthalten. Der Leser kann sich darunter alles und nichts vorstellen. Vielmehr muss der Eindruck in aller Genauigkeit veranschaulicht werden, zum Beispiel das Farbenspiel, das Licht, die Sonne etc. Ähnlich wie bei den Figuren, die ebenfalls nicht gewertet werden sollten, ist es auch bei der Beschreibung der Außenwelt.

Nehmen wir nun eine fremde, exotische Landschaft, Afrika, Thailand oder eine Gletscherwelt. Andere Farben, andere Vegetation, andere Formen, andere Gerüche, andere Geräusche, die hierzulande – und für das Publikum hier schreiben Sie ja – nicht unbedingt eine

Entsprechung finden. Wie gehen Sie vor? Die Vergleichsbilder müssen dann aus den bekannten Elementen geschaffen werden. Im Beispiel unserer Heldin Jane diente der bekannte *Tennisschläger* für die Beschreibung der Blattform einer unbekannten Pflanze.
Wenn Sie in einen exotischen Raum wechseln, wo andere Farben, andere Gerüche, andere Landschaftsformen vorherrschen, müssen Sie dies durch Bilder und Vergleiche untermauern. Für alle, die diese Landschaft nicht kennen, aber auch für diejenigen, die sie mit Ihrer Hilfe wieder entdecken. Da Sie für ein Publikum in unserem Sprach- und Kulturkreis schreiben, sollten Sie diese Bilder aus dessen Wort- und Bilderschatz schöpfen.
Um Ihnen das Prinzip des Bebilderns und Vergleichens zu veranschaulichen, stellen wir uns Folgendes vor: Es gibt einen Stamm von Eingeborenen, die fern jeder Zivilisation irgendwo im Dschungel leben. Sie ernähren sich von Wasser, Pflanzen, Nüssen und Schlangen. Dieser Stamm kennt kein Bier. Die Menschen wissen nicht, was das ist, wie es aussieht oder schmeckt. Wenn Sie nun angeben, Bier wird aus Getreide, Malz etc. gebraut, sagen diese Worte ihnen nichts. Sie müssen also der Farbe, der Konsistenz, dem Geschmack und dem Geruch mit Vergleichen beikommen, die aus der Erlebniswelt dieser Menschen stammen. Etwa so:

Die Flüssigkeit war perlig, kleine Bläschen stiegen auf, wie wenn Wasser über einen Stein sprudelt. Sie war leicht ölig und von der goldenen Farbe der aufgehenden Sonne. Obenauf schwamm weißer Schaum wie Gischt auf dem Wasser.

Das Prinzip des Vergleichens besteht darin, die Auswahl von Bildern und Metaphern der Zeit sowie dem

Fassungsvermögen der handelnden Figuren anzupassen und dies dahingehend zu beschränken. Dies gilt für historische Texte und exotische Beschreibungen genauso wie für zeitgenössische Geschichten.
So können Sie etwa in unserem historischen Textbeispiel nicht davon sprechen, dass der Templer mit blitzenden Lichtpfeilen bombardiert wird, weil Bomben eine Erfindung des 20. Jahrhunderts sind. Sie würden den Leser mit einem solchen, in eine spätere Zeit gehörigen Vergleich automatisch aus der Zeitebene der Geschichte katapultieren.
Ein wichtiges Element der Stimmungserzeugung sind Motive, die nach allgemeinem Verständnis – wenn auch manchmal verschüttet – eine bestimmte Zusatzbedeutung haben. Gängiges Beispiel dafür sind rote Rosen für Liebe und Krähen oder Raben, die den Tod symbolisieren. Durch solche zusätzlichen Elemente können Sie Ihrem Text eine weitere Bedeutungsdimension geben. Sie deuten die zukünftige Entwicklung der Geschichte an und geben dem Geschehen eine Stimmungsfärbung, ohne dass es direkt gesagt wird.
Vermeiden Sie Leerformeln, wenn Sie Situationen beschreiben. Gemeint sind damit summarische Wendungen wie »Es herrschte reges Treiben«, »Es ging geschäftig zu«, »Sie lauschten der musikalischen Darbietung«, »Dame in modischer Haartracht«. Natürlich können Sie solche Floskeln verwenden, aber nur dann, wenn sie Auftakt für eine detaillierte Charakterisierung der Situation sind. Außerdem sollten Sie dann alle Sinnesbereiche ansprechen, also Farben, Formen, Gerüche, Geräusche und Empfindungen aufgreifen. Der Einsatz dieser Leerformeln ist verlockend. Es schreibt sich so leicht hin, und vielleicht haben Sie sogar eine recht konkrete Vorstellung, was Sie damit sagen wollen.

Doch beim Leser entsteht bestenfalls eine vage Vorstellung, die er selbst füllen muss, schlechtestenfalls gar keine. Sie sollten als Autor möglichst Sätze vermeiden, die jeder andere ohne Autorenambition ebenso leicht und schnell hinschreiben könnte. Hier möchten wir nochmals auf das Argument zurückkommen, das uns so häufig begegnet, wenn wir unpräzise Beschreibungen kritisieren. »Ich möchte die Figur und die Räume nicht so genau beschreiben, weil das die Fantasie des Lesers einengt und stört. Ich will noch etwas der Fantasie des Lesers überlassen…« Das ist natürlich zunächst einmal einleuchtend. Natürlich soll der Leser seine Fantasie einsetzen können. Aber Sie sind der Autor, sie wollen eine bestimmte Situation darstellen. In Ihrer Absicht liegt es, nicht die Beliebigkeit zu zeigen, sondern dem Leser Ihre spezielle Sicht auf etwas zu eröffnen. Also seien Sie so genau wie möglich, damit der Leser mit seiner Fantasie aufgrund Ihrer Bilder sagen kann: »Ja, genau so empfinde ich das auch manchmal…« oder »So habe ich das noch nie betrachtet…« Der Trick bei der Beschreibung von Figurenverhalten, Räumen, Orten, Natur usw. ist neben der Darstellung der objektiven Wahrnehmung die zusätzliche Ausstattung des Textes mit Vergleichen, Metaphern und Bildern. Diese werden nach dem Prinzip »wirkt, als ob…«, »sieht aus wie…«, »macht den Eindruck von…« gebildet. Suchen Sie passende Bilder! Eine blecherne Stimme kann klingen wie eine »quäkende Trompete«, »als übte jemand auf einem Saxophon«, »als fände die Stimme keinen ruhigen Grund«. Eine Stimme kann »gepresst klingen, als würde sich der Sprechende gerade bücken«. Vermeiden Sie dabei abgegriffene Bilder wie »weiß wie Schnee, rot wie Blut, schwarz wie Ebenholz«.

Zusammenfassung

Der Sonnenuntergang war einfach toll!

Show, don't tell, so lautet kurz und knapp eine alles umfassende Maxime des Creative Writing. Wir wollen ihr ein eigenes Kapitel widmen, weil in diesem Kernsatz alles steckt, was wir bislang zu den einzelnen Erzählbereichen abgehandelt haben. Wenn Ihnen das Prinzip dieses Satzes klar wird, sind Sie ein gutes Stück weiter auf dem Weg zum souveränen Autor. Was hat es mit diesem Satz »Zeigen Sie es, statt es nur zu behaupten« auf sich?

In den vorhergehenden Kapiteln ist es bereits immer wieder angeklungen. Liefern Sie keine mehr oder weniger willkürlichen Interpretationen und Bewertungen, sondern bedienen Sie sich der Mittel der Beschreibung. Das gilt sowohl für die Figuren und deren Verhalten als auch für Raumbeschreibungen. In der täglichen Arbeit mit Autoren haben wir gesehen, dass dies eines der grundlegenden Probleme beim Schreiben ist. Autoren *behaupten* Sachverhalte, aber sie *inszenieren* sie nicht. Ein Beispiel: Der Satz *Der Arzt versuchte mich zu beruhigen* ist eine Interpretation, eine geraffte Zusammenfassung eines Vorgangs, an dem immerhin zwei Personen beteiligt sind. Es werden Worte geäußert, die mit einem bestimmten Tonfall, einer bestimmten Gestik einhergehen. Diesen Satz kann jeder von uns einfach so äußern. Aber Autorenschaft fängt da an, wo diese Interpretationen in Handlung umgesetzt werden. Sie als Autor müssen über die Interpretation, die pauschale Wertung hinausgehen. Wie sieht die zugehörige Szene aus? Was wird geäußert, dass der Ich-Erzähler das Verhalten des Arztes als *Versuch, zu beruhigen, empfindet*? Wie wurde dies geäußert? Denn was für den einen *beruhigend* ist, muss es für den anderen noch lange nicht sein. Der Inhalt der Szene bleibt offen, sodass keinerlei beziehungsweise jede beliebige Vorstellung beim Leser entstehen kann. Der Satz sagt in dieser Form nichts aus. Genau hier liegt das Geheimnis beim Schreiben: Sie müssen eine solche Situation im wörtlichen Sinne »in Szene setzen«. Etwa folgendermaßen:

Der Arzt stand auf, kam um den Schreibtisch herum und legte mir die Hand auf die Schulter. »Na, lassen Sie den Kopf nicht hängen, das wird schon wieder. Es gibt heute ganz hervorragende Mittel, auch gegen die Schmerzen.«
Ich hörte die Worte, spürte die Wärme der Hand auf meiner Schulter, aber alles kam mir weit weg und fremd vor, so als beträfe es mich nicht wirklich. Krebs! Wieso heißt diese Krankheit eigentlich Krebs? Was hat dieses krustige Tier damit zu tun?
»Nun«, fuhr der Arzt fort und nahm seine Hand weg. »Ich würde vorschlagen, Sie gehen jetzt nach Hause und schlafen erst mal darüber …«

So oder auch ganz anders kann eine *beruhigende* Situation aussehen. Wichtig ist dabei, dass Sie mehr als nur trockene, interpretierende Resümees liefern. Und zwar, indem Sie einen nachvollziehbaren Ablauf mit handelnden Akteuren, mit Stimmungen und stattfindenden Gesprächen, genau schildern, das heißt in Szene setzen.

Übersetzen Sie die Interpretation einer Situation in einen szenischen Ablauf.

So oder ähnlich klingen viele Texte – ob autobiografisch oder fiktiv – im Anfangsstadium. Wenn Sie diese Übersetzungsleistung nicht bewerkstelligen, kann niemand die beabsichtigten Empfindungen nachvollziehen, nachleiden, miterleben usw.
Hier das Beispiel eines typischen »Ur-Textes«, in diesem Fall handelt es sich um einen autobiografischen Text. Die Konfrontation des Betroffenen mit der Erkrankung klingt ursprünglich folgendermaßen:

Ich wusste es doch, dass diese seltsamen Vorkommnisse kein Grund zur Beunruhigung waren. Ich erzählte dem Arzt, dass ich aus dem Skilift gefallen war, was meine Freundin in Rage gebracht hatte, was ich zwar als bedauerlichen, aber beim Skifahren nun einmal vorkommenden Betriebsunfall betrachtet hatte. Schließlich erwähnte ich auch, was während des Studiums in Rom geschehen war, dass ich mich – auch ohne Weinkonsum – schwankend an den Häuserwänden entlangbewegen musste.
Schließlich rief mich der Chefarzt persönlich zu sich und brachte mir schonend bei, dass ich an MS litt.

Diese Rohfassung enthält eine sehr lapidare und trockene Zusammenfassung von immerhin sehr einschneidenden Ereignissen, die noch dazu nur in indirekter Rede gerafft werden. An diesem Punkt spielt sich meist folgender Dialog zwischen dem Autor und uns ab:

»Sie geben hier ein pauschales und sehr dürres Resümee, wo sind der Schnee, das Wetter, die Figuren, die Stimmen, die Bilder, die Gefühle? Wie ist das alles vor sich gegangen? Was hat Ihre Freundin gesagt, als sie in Rage war?«

Der Autor stutzt dann meist kurz, schaut sich die Sätze an und sagt etwa: »Ich sehe das aber alles genau vor mir«.

Doch was sieht der Leser? Eigentlich nichts: keinen Schnee, keine Skifahrer etc. Er sieht nur das, was im Text steht. Die meisten Autoren gehen unbewusst davon aus, dass ein Leser aus einem solchen resümierenden Bericht genau die Bilder erstellt, die sie selbst im Kopf haben. Das ist aber nicht der Fall. Er verbindet eher ein paar eigene Vorstellungen und Erfahrungen, wodurch nur vage Assoziationen entstehen. Doch das ist nicht Sinn der Sache. Der Leser soll sehen, was Sie ausdrücken möchten, was die Figur bewegt, was sie erlebt. Im obigen Beispiel wird zunächst nur behauptet, was der Reihe nach passiert ist. Doch die handelnden Personen sind nicht aktiv, ihr Verhalten wird nur gerafft angedeutet: *was meine Freundin in Rage gebracht hatte, der Chefarzt ... brachte mir schonend bei.* Hier setzt Autorenarbeit ein – aus der Distanz zum Geschehen, mit einem Blick von außen auf die Szenerie.

Versuchen wir nun eine Übersetzung. Wie immer gibt es dabei zahllose Möglichkeiten, die Situation einzufangen. Wichtig ist vor allem, dass die Szene anschaulich erzählt und die Tragik, die das Geschehen für den Betroffenen hat, nachvollziehbar wird. Denn normalerweise kann sich niemand vorstellen, wie es in einem Menschen aussieht, der plötzlich Krankheitssymptome entwickelt, die er nicht einordnen kann, und schließlich eine endgültige und sehr einschneidende Diagnose bekommt. Die wenigsten Menschen wissen, wie sich solche Symptome anfühlen und was eine solche Diagnose in dem Betroffenen auslöst. Aber darin liegt ja gerade der Sinn Ihrer Darstellung. Warum sollten Sie es sonst erzählen?

Wir wandeln nun das bloß referierte Geschehen in eine aktive Szene um, da sie uns zu wichtig erscheint, um nur gerafft wiedergegeben zu werden. Die Szene könnte vielleicht so aussehen, als eine Station im sich entwickelnden Handlungsverlauf:

Der Bügel des Sessellifts schob mich bergan. Rundherum lag Weiß, teils grell in der Sonne glitzernd, teils bläulichgrau in den schattigeren Nischen. Mir war schwindlig. Rote, blaue, violette Striemen zogen über die weiße Bahn. Ich kniff die Augen ein paar Mal zusammen, um die schlierigen Schleier zu lüften. Plötzlich kippte der blaue Himmel weg, der Schnee rutschte mir entgegen. Ein Drehen, ein Wirbeln, ein kalter Sprühregen auf dem Gesicht, dann hörte ich die Stimme von Maria. »Was machst du denn, pass doch auf!« Ich schlug die Augen auf. Maria war über mich gebeugt, ihr Gesicht war angespannt, sie zog die Stirn in Falten, ihre langen Haare kitzelten mich. Sie half mir, mich aus der Spur zu ziehen, die nächsten Skifahrer kamen bereits auf uns zu.

»Es geht schon wieder, ich weiß nicht, ich bin irgendwie weggerutscht.« Maria nahm meinen Arm, und ich richtete mich schwerfällig auf. Es stimmte nicht, ich wusste, es war etwas nicht in Ordnung. Öfter in letzter Zeit musste ich um mein Gleichgewicht kämpfen, vor kurzem,

in Rom, wankte ich oft wie betrunken heim und musste mich an den Häuserwänden entlangtasten.

Hier machen wir einen Schnitt und gehen zur folgenden Szene über: Der Erzähler macht sich allmählich Sorgen und geht schließlich zum Arzt. Auch das war in der ersten Fassung ja nur vage angedeutet:

Der Arzt forderte mich mit einer freundlichen Geste auf, mich zu setzen. »Was führt Sie zu mir?« Er hatte den Stift gezückt, hielt mein Krankenblatt in der Hand und sah mich durch seine Hornbrille erwartungsvoll an.
»Nun«, fing ich an, »wie soll ich sagen? Ich habe da so seltsame Ausfallerscheinungen, Schwindel, Taubheitsgefühle in den Händen, und manchmal kippe ich einfach um, wie neulich im Skilift. Aber vielleicht ist es ja ganz harmlos.«
Der Arzt runzelte die Stirn. »Wie ist der Schwindel? Ist Ihnen auch übel oder dreht sich einfach alles?«, fragte er und notierte sich ein paar Worte auf dem Blatt.

So weit ein Vorschlag zum Einstieg, der die ganz Szenerie, das Agieren, die Umstände, die Gefühle usw. nachzubilden versucht. Genau das bedeutet Übersetzen des Sachverhalts in eine aktive Szene.
Das Thema *Zeigen statt behaupten* gilt auch für Informationen über das Zeitgeschehen, die zum Verständnis und zur Einbettung einer Handlung nötig sind. Da Sie keinen Bericht schreiben, sondern eine Geschichte – welcher Art auch immer – erzählen, müssen auch diese Informationen an eine Situation oder eine Figur ge-

bunden sein. Sie als Autor sind nicht der Erzähler und können also auch keine Informationen an den Leser liefern. Der Erzähler ist, wie schon ausgeführt, sozusagen der vorher zu wählende Standpunkt, von dem aus eine Geschichte geschildert wird. Schauen wir uns dazu folgende Rohfassung eines Romananfangs über die Zeit nach dem Zweiten Weltkrieg an:

Die Jahre nach dem Krieg waren gekennzeichnet vom Mangel. Es fehlte an allem, vor allen Dingen an Nahrungsmitteln. Die Menschen litten mehr unter Hunger als in den Kriegsjahren. Deutschland hatte mit den Gebieten östlich von Oder und Neiße ein Drittel seiner landwirtschaftlichen Anbauflächen verloren. Außerdem waren in den Kriegsjahren die Äcker und Felder vernachlässigt worden. Alle Vorräte waren aufgebraucht. Nach wie vor gab es Lebensmittelkarten und die Rationen wurden mehr und mehr gekürzt. 1946 betrugen sie pro Person und Tag weniger als tausend Kalorien. »Zum Sterben zu viel und zum Leben zu wenig«, sagte Frau Huber und sprach damit aus, was alle dachten. Helga schlug sich mit ihren Kindern so recht und schlecht durch, in diesen kargen Zeiten.

Das ist ein Lagebericht, ein verknapptes Resümee über die Nachkriegszeit. Der Leser wird *informiert*, aber es wird keine Geschichte *geschildert*. Warum nicht mit dem Satz der Frau Huber anfangen und daran Lage und Stimmung festmachen? Etwa so:

»Zum Leben zu viel und zum Sterben zu wenig.« Helga Hermann seufzte und blickte auf die matt-

rosa Lebensmittelkarte in ihrer Hand. Frau Huber hatte Recht. Wie sollte Helga mit dem bisschen Mehl, Margarine und Milch etwas Vernünftiges kochen? Es würde nicht einmal mehr für ein paar Pfannkuchen für die Kinder reichen. Wie lange sollte das noch so weitergehen? Jetzt war es ja fast noch schlimmer als während des Krieges. Aber wenn man bedachte, dass die Felder im Krieg nicht bestellt worden waren. Sie legte die Karte auf den Tisch und stützte den Kopf in die Hände.

Entwickeln Sie einen filmischen, szenischen Blick auf die Geschehnisse, die Sie darstellen wollen.

Dieser szenische Blick wird Ihnen dabei helfen, die Handlung zu bebildern und das Erleben einer Figur nachvollziehbar darzustellen. Wenn Sie noch einbauen wollen, welche Nahrungsmittel man für eine Lebensmittelkarte bekommt, können Sie Helga leise murmelnd lesen lassen, was auf der Karte steht. Das sollten Sie aber vorher genau recherchieren! Damit ist dann die Information über die tausend Kalorien – die so nichts aussagen – enthalten, und zwar ganz natürlich an die Situation der Figur gebunden. Um dem Leser mitzuteilen, zu welcher Zeit die Handlung stattfindet, könnten Sie auch einen Gedanken Helgas einbauen wie »Jetzt war der Krieg doch schon seit einem halben Jahr vorbei«. Dann kann er sich sogar denken, welche Jahreszeit ungefähr sein muss, da der Zweite Weltkrieg – um den es hier geht – im Mai 1945 endete. Damit ist

die Information nicht als solche zu erkennen, sondern fügt sich in den Gedankengang der Figur ein und hält den Leser trotzdem auf dem Laufenden.
Natürlich kann so eine Szene auch mit einem Stimmungsbild beginnen, das nicht direkt an den Blick einer Figur gebunden ist. Die Geschichte kann sich quasi wie mit einem Zoom an die Situation annähern – das wäre dann eine auktoriale Sicht. In diesem Fall sollten die brachliegenden Felder, die Ödnis, bebildert werden:

Die Felder lagen braun und karg da, Reste von einmal weizengelben Stoppeln ragten hier und dort erschöpft aus der Öde. Kein Halm, keine Wiese, nur endloses Braun erstreckte sich bis zum Horizont wie nebeneinander gelegte alte, schmutzige Decken. Auch der Himmel war öde, milchiggrau, tief und endlos. Ja, der Krieg hatte die einst voller seidiggrüner, dann strohgelber Ähren stehenden Felder brachliegen lassen. Helga Hermann wandte sich vom Fenster ab…

Zum szenischen Blick gehört ebenfalls die Logik des Ablaufs, die auch mit der Syntax, dem Satzbau, zu tun hat. Haupt- und Nebensatz ordnen ein Geschehen. Daher ist es wichtig, die Hauptschritte in die richtige Ordnung zu bringen. Nebensätze gewichten eine Handlung als nebensächlicher, während Hauptsätze die Hauptaspekte des Geschehensverlaufs enthalten. Natürlich laufen manche Geschehensfäden nahezu gleichzeitig ab. Da aber der Leser die Sätze nur nacheinander lesen kann, entsteht auch durch noch so viele gleichordnende Nebensätze nicht unbedingt ein Bild der Gleichzeitigkeit. Nehmen wir folgende Darstellung eines Kampfes:

Er empfing die Gegner mit gezücktem Speer, blickte aber erstaunt zur Seite, als die Ersten schon sich überschlagend zu Boden stürzten, noch ehe sie ihn erreicht hatten.

Die Reihenfolge des Kampfablaufs ist eigentlich genau umgekehrt, als im Satzbau unseres obigen Beispiels dargestellt, obwohl die Konjunktionen stimmen. Nämlich eher folgendermaßen:

Er hatte das Schwert gezückt. Langsam rückten seine Gegner auf ihn zu, näher und näher. Plötzlich, sie hatten ihn schon fast erreicht, stürzten sie, wie gefällte Bäume, zu Boden. Erstaunt blickte er sich um.

Hier sind nun die Hauptteile des Geschehens – das Zücken des Schwerts, das Näherrücken, das Stürzen und dann der Blick auf die Szenerie in Hauptsätzen beschrieben und haben damit an Bedeutung gewonnen. Die Spannung wird automatisch stärker. Denn Sie können, auch wenn Sie noch so viele Gleichzeitigkeit behauptende Nebensätze formulieren, das Geschehen nur nacheinander schildern. Ebenso kann es der Leser nur nacheinander lesen. Im ersten Beispiel muss der Blick des Lesers springen: Was vorher war, kommt im Satzbau später: das Zur-Seite-Blicken, das Hinstürzen der Gegner. Eine für den Leser verwirrende Anordnung.

Satzbau und syntaktische Mittel müssen gezielt eingesetzt werden, um einen Zustand in seinen Nuancen nachzubilden. Fast immer wird zu viel erklärt oder behauptet. In langen, umständlichen Sätzen, ohne Variation der Darstellung, ohne Anpassung an das Tempo eines Textes.

Nehmen wir folgendes Beispiel: Eine Frau in einem Extremzustand – sie hat ihren Mann ermordet, versucht aber, ihr normales Leben mit ihren zwei Töchtern fortzusetzen – begegnet in der Stadt einer Frau, die sie auf gar keinen Fall treffen will. Sie flüchtet vor der Situation:

Kurz vor dem Schloss bog Helga nach links in die Hoffmannstraße ein, mit dem Handrücken wischte sie sich die Stirn, jetzt endlich befand sie sich außer Sichtweite. Die ärmellose weiße Baumwollbluse klebte am Oberkörper, Helga zitterte, als sie die Musikschule erreichte.
Im Taumel ihres Verfolgungswahns rüttelte sie an der, wie sie wusste, verschlossenen Eingangstür. Wo zwischen all den lückenlos aneinander gereihten rosa und gelben Prachtbauten konnte sie sich bloß verstecken, da sie doch mehr als eine halbe Stunde Zeit hatte, bis ihre Tochter am Treffpunkt erscheinen wollte. Das Parkhaus bot sich an, sie konnte den Weg durch die Einfahrt nehmen. Aber Parkhäuser waren ihr unheimlich, selbst wenn es, wie dieses, ausschließlich private Stellplätze aufwies. Helga zögerte, die Tasche wog schwer, sogar im Schatten des Malergerüsts war die Mittagshitze schwer zu ertragen …

Diese Beschreibung einer Flucht ist sprachlich schon ziemlich gut gelungen. Aber wie sieht es mit der Wirkung aus? Kann man sie nicht erhöhen? In dem Beispiel sind keinerlei Panik ausdrückende sprachliche und satzbauliche Mitteln eingesetzt, es wird immer wieder nur erklärt: *Im Taumel ihres Verfolgungswahns;*

wie sie wusste. Das Beispiel enthält Interpretationen und Erläuterungen, die in der Eile gar keinen Platz haben, die *aneinander gereihten rosa und gelben Prachtbauten.* Wo doch die Stimmung der Figur überhaupt nicht *prächtig* und auch nicht *rosig* ist. Diese Formulierungen machen den Text langsam, obwohl er eigentlich Eile, ja sogar Panik beschreiben soll. Der Leser kann die Panik wegen des umständlichen Satzbaus kaum empfinden. Um die Hektik nicht nur zu behaupten, sondern auch sinnlich nachvollziehbar zu machen, setzen wir nun elliptische Sätze ein: also unvollständige Sätze, inneren Monolog, Fragen, erlebte Rede etc. Die Panik könnte dann etwa folgendermaßen zum Ausdruck gebracht werden:

Kurz vor dem Schloss bog Helga nach links ab.
Mit dem Handrücken wischte sie sich die Stirn.
Endlich außer Sichtweite! Ihre Bluse klebte am Körper, sie zitterte, rannte weiter. Die Musikschule! Sie rüttelte an der Eingangstür. Verschlossen! Natürlich! Wo sich verstecken?
Noch über eine halbe Stunde, bis Anna kam!
Das Parkhaus!
Aber dort war es dunkel und unheimlich. Helga zögerte. Die schwere Tasche und diese Hitze!…

So etwa könnte eine wirklich panische Situation gezeichnet werden. Das Material der Bluse ist hier ebenso unwichtig, wie der Name der Straße und die Farbe der Prachtbauten, die Helga jetzt, wie gesagt, sicherlich nicht als prächtig empfinden wird. Wenn sie diese überhaupt wahrnimmt und sie nicht als Hindernis bei ihren Versuchen, sich zu verstecken, empfindet.

Formen Sie mit Satzbau und erzählerischen Mitteln das Tempo und die Stimmung eines Textes oder einer Figur.

Denken Sie szenisch, als folgten Sie Ihren Figuren mit dem Auge einer Kamera. Dann fallen Erklärungen und umständliche kausale Erläuterungen wie *weil* und *denn* fast automatisch weg. Das Prinzip ist immer die Übersetzung einer Situation oder der Befindlichkeit einer Figur in einen szenischen Ablauf, in Bilder mit sprechenden Gesten und Mimik.

Wenn ein Autor seine Figur und seine Szene nicht überblickt und schon gar nicht im Griff hat, also dem Geschehen nicht szenisch folgt, passiert es zuweilen, dass ein eingeführtes oder einmal behauptetes Motiv unterwegs vergessen wird. Dazu kehren wir noch einmal zu der jungen Amerikanerin Jane zurück, die wegen Bernd nach Köln gekommen und mit ihm zum Abendessen verabredet war. Stellen wir uns vor, Jane bekommt an der Hotelrezeption, kurz bevor sie von Bernd abgeholt wird, ein geheimnisvolles Päckchen ausgehändigt, nicht sehr groß, nicht sehr schwer und ohne Absender. Sie will nicht mehr hoch ins Zimmer, nimmt das Päckchen mit und klemmt es sich unter den Arm, weil es nicht in die Handtasche passt. Nun kommt Bernd. Sie gehen in ein Lokal, essen, trinken, unterhalten sich ein bisschen. Von dem Päckchen ist nicht mehr die Rede. Was hat Jane damit getan? Hat sie es unterwegs von der einen Hand in die andere gewechselt, im Lokal neben sich auf den Tisch oder auf den Stuhl gelegt? Fragt sie sich zwischendurch immer wieder, von wem es wohl stammen könnte und was darin sein mag? Versucht sie vielleicht durch leichtes

Schütteln herauszufinden, ob es klappert oder ob andere Geräusche den Inhalt verraten könnten?
Wenn Sie mit szenischem Blick Ihren Figuren folgen, kann es Ihnen kaum passieren, dass Sie ein solches Detail einfach verlieren – denn das geht auf keinen Fall. So wichtig ist das Päckchen doch nun auch wieder nicht, meinen Sie vielleicht. Doch dann fragt man sich natürlich, warum es so bedeutungsvoll eingeführt wurde. Damit haben Sie Ihren Leser eigentlich in die Irre geführt.

Einmal eingeführte bedeutungsvolle Elemente dürfen nicht auf der Strecke bleiben.

Versuchen Sie also, nachdem Sie einen Überblick über Ihre Geschichte, die Figuren und die einzelnen Szenen gewonnen haben, Ihren Figuren wie mit einer Kamera zu folgen. Sie werden dann alles genau vor sich sehen, und es wird Ihnen leichter fallen, die Situationen nachzuzeichnen.

Professionelles Arbeiten ist erlernbar

Von der Vorgehensweise beim Planen und Recherchieren sowie den notwendigen Arbeitsschritten beim Schreiben haben wir ja schon gesprochen. Nun geht es um die Frage, wie ein Autor praktisch vorgehen sollte? Welches Schreibwerkzeug wollen Sie verwenden: Computer, Schreibmaschine oder Papier und Kugelschreiber? Hier kann Ihnen niemand Vorschriften machen. Doch auf einige neuere Entwicklungen, mit denen wir konfrontiert werden, wollen wir kurz eingehen und Ihnen einige Tipps geben. Sie sollten die modernen Techniken nutzen, sie aber auch nicht überbewerten. Die eigentliche Arbeit können sie Ihnen nicht abnehmen. Ob also der gute alte Bleistift oder Füller, Handschrift oder Computer – hier muss jeder für sich die ideale Arbeitsmethode finden. Und natürlich ist es wunderbar, wenn man wegen des Umbaus einer Passage nicht – wie früher auf der Schreibmaschine – ganze Seiten neu tippen muss, weil die Seitenzahlen nicht mehr stimmen…

Allerdings haben wir auch festgestellt, dass das Schreiben auf dem Computer dazu verführen kann, einen Text schnell zu schreiben und schon bald als fertig zu betrachten. Er sieht aus wie gedruckt, und viele Autoren wollen nur ungern größere Umarbeitungen vornehmen oder gar ganze Passagen neu schreiben. Oft ist es aber notwendig, einen längeren Textteil ganz zu verwerfen und neu anzufangen. Sie haben also viel Arbeit vor sich, und es ist natürlich immer schwer, sich von dem zu lösen, was man bereits geschrieben hat. Oft ist es aber unumgänglich und letztlich sogar weniger Arbeit, noch einmal zu beginnen, als im vorhandenen Text herumzuwursteln und herumzubauen, um am Ende doch alles komplett überarbeiten zu müssen.

Mancher Autor mag seine Texte auch gar nicht mehr ausdrucken. Er hat sie möglicherweise nie vor sich liegen, sieht immer nur die isolierte Passage auf dem Bildschirm. Kein Wunder, dass dann manchmal der rote Faden, der Überblick fehlt. Manche Autoren tippen ihre Texte in den Computer und mailen sie am liebsten gleich weiter, ohne alles noch einmal durchzulesen. Natürlich ist auch das Mailen eine hervorragende Arbeitserleichterung. So ist es zum Beispiel möglich, einen

Auftragstext direkt an einen Verlag zu schicken und damit eine schnelle Weiterverarbeitung (Satz und Druck) zu ermöglichen.
Aber abgesehen davon, dass kein Verlag und unseres Wissens auch keine Agentur gemailte Manuskripte zur Erstprüfung annimmt, ist auch die Gefahr der Nachlässigkeit groß. Außerdem zeugt dieses Vorgehen in gewissem Sinne auch von wenig Zuwendung an die eigene Arbeit. Ausdrucken, durchlesen oder auch vor dem Eintippen per Hand schreiben, das bringt bereits zusätzlich einen Korrektureffekt. Denn die moderne Technik ist eben nichts anderes als ein Hilfsmittel. Die eigentliche Arbeit des Schreibens läuft nach wie vor im Kopf ab.
»Jetzt habe ich die Szene doch schon zweimal überarbeitet! Wie oft denn noch?« Diese Klage haben wir schon von so manchem Autor gehört. Natürlich muss man auch beim Überarbeiten irgendwann einen Schlusspunkt setzen und sich sagen: So jetzt habe ich mein Optimum erreicht. Sie sollten sich aber die Einstellung zulegen, dass Sie erst einmal eine Lernphase durchlaufen müssen; und die ist in der Regel lang.
Gerade Neulinge, die noch nicht auf Schreibroutine und Erfahrung zurückgreifen können – selbst wenn der eine oder andere vielleicht quantitativ schon viel geschrieben hat –, müssen beim Überarbeiten äußerst penibel sein. Sie sollten auf jeden Fall das Ziel eines optimalen Manuskripts vor Augen haben, egal wie viel Zeit und wie viele Überarbeitungsschritte dazu auch erforderlich sind. Das heißt, Sie müssen so oft überarbeiten, bis die Passage stimmt. John Irving hat einmal in etwa gesagt:
Bevor er den ersten Satz schreibt, hat er die Geschichte seines Romans schon im Kopf. Manchmal verbringt er

ein Jahr, manchmal eineinhalb Jahre damit, den Plan eines Romans zu machen, sodass er alle Teile der Chronologie vor Augen hat. Wenn es dann losgeht, hat er das Gefühl, dass er jedes Ereignis schon kennt. Wenn er zum Beispiel 400 Seiten geschrieben, plötzlich aber eine viel bessere Idee für das Ende der Story hat, dann schreibt er die 400 Seiten eben noch einmal.

Das mag als Hinweis genügen, dass Schreiben Arbeit ist. Und wenn selbst routinierte Erfolgsautoren davon nicht verschont bleiben, dann sollten Sie als Neuling diese Arbeit ebenfalls akzeptieren.

Ein Roman hat keine Eile. Denn selten ist das Thema so schnelllebig und brisant, dass ein Buch in wenigen Wochen fertig gestellt sein muss. Außer wenn es sich um Auftragsarbeiten eines Verlags handelt. Machen Sie sich selbst also möglichst keine Vorgaben wie: »Ich schreibe sehr schnell, in zwei Monaten möchte ich mit meinem Roman fertig sein«. Das funktioniert meist nicht. Und es zeugt oft auch davon, dass die Arbeit, die hinter einem Roman steckt, unterschätzt wird. Mit dem bloßen Aufschreiben, das ja tatsächlich recht schnell gehen kann, ist es eben nicht getan. Natürlich ist es günstig, sich einen Zeitplan zu erstellen. Dazu gehört aber auch Regelmäßigkeit, das heißt, dass Sie möglichst jeden Tag am Text arbeiten sollten. Ein paar Tage intensiv, dann wieder wochenlang nicht zu schreiben ist erfahrungsgemäß weniger effektiv. Denn es braucht immer einige Zeit, bis Sie nach einer Pause wieder in Ihrem Thema, in Ihren Figuren sind. Wenn Sie einen Teil, eine Szene oder den ganzen Text abgeschlossen haben, dann lassen Sie das Manuskript einige Zeit liegen. Das verschafft Ihnen die notwendige Distanz, um wieder einen freien, kritischen Blick auf die eigenen Zeilen zu bekommen. Sie werden erstaunt

sein, wie viele Schwächen, die Sie vorher, beim Schreiben, gar nicht bemerkt haben, Ihnen plötzlich auffallen und wie viel zielgerichteter und effektiver die Überarbeitung vorangeht.
Sie müssen bei der Überarbeitung aber bedenken – was auch Irving in obigem Zitat bereits andeutet –, dass es meist nicht damit getan ist, eine Passage von hier nach da zu verschieben. Eine Änderung an einer Figur im zweiten Teil eines Romans zieht unweigerlich Änderungen im ersten Teil nach sich. Eine Szene, die wegfällt, zieht Veränderungen bei Rückblicken oder späteren Erwähnungen nach sich usw. Denn alles hängt zusammen und das macht Schreiben kompliziert und unter Umständen langwierig.

»Ich bin 25, habe Hörspiele, Drehbücher, Lyrik und Kurzprosa geschrieben und schreibe jetzt den zweiten Roman.« Solche Aussagen hören wir immer wieder, und meist bedeutet es, dass ein Autor noch auf der Suche ist, seine Form noch nicht gefunden hat. Vielleicht unterschätzt er auch, was zum Schreiben alles nötig und wichtig ist. Im Allgemeinen kann ein Autor mit 25 Jahren kaum all diese Formen beherrschen. Wir raten Autoren deshalb meistens, sich nicht in zu vielen Genres zu tummeln und sich zunächst, bis eine gewisse Souveränität und Routine erreicht ist, auf *eine* Gattung zu konzentrieren. Die meisten Autoren haben ohnehin ein Gespür dafür, wohin es sie zieht. Ein anderes Genre auszuprobieren ist sicher reizvoll, aber erst dann, wenn man die Mittel des Schreibens beherrscht.
Es kommt allerdings auch vor – zum Beispiel bei Autoren, die ausschließlich Kurzprosa schreiben –, dass sie über den Kurztext nicht hinauskommen. »Egal, welches Thema ich anfange, am Schluss kommt doch im-

mer nur eine Kurzgeschichte heraus«, klagt mancher dieser Autoren. Hier ist es möglicherweise ähnlich, wie im Kapitel über die Ideenfindung beschrieben. Aus dem Stoff für eine Kurzgeschichte einen Romanstoff zu gewinnen, das erfordert einfach Arbeit, Planung, das Heranziehen weiterer Figuren und Handlungsstränge. Das kommt natürlich nicht von selbst. Und es ist sicher auch befriedigend, mit einer Kurzgeschichte relativ schnell ein Ergebnis, einen fertigen Text vor sich zu haben. Nichtsdestotrotz: Probieren Sie es!

Das optimale Manuskript ist für jeden Autor zu schaffen. Das klingt provokativ, ist es aber nicht. Denn es heißt nichts anderes, als dass Sie Ihr Bestes geben müssen. Zwar ist das noch keine Gewähr für eine Veröffentlichung und der Begriff »optimales Manuskript« ist, auf Niveau und Stand jedes Autors bezogen, ein relativer. Doch zunächst sollten Sie Ihren Erstling vor allem als Übungsmaterial begreifen, als erstes Produkt eines Prozesses, der weitergehen soll. Er wird Ihnen vielleicht nicht gleich den großen Durchbruch bringen. Und natürlich sollten Sie auch nicht gleich den Klappentext und die Tantiemen vor sich sehen, bevor Sie überhaupt eine Zeile geschrieben haben.

Stellen Sie sich die Frage: Warum soll ein Leser meinen Roman lesen, was biete ich ihm? Vielleicht sagen Sie: Ich bin schließlich Autor, der Leser soll also gefälligst meine Gedanken, meine kreativen Ergüsse zur Kenntnis nehmen. Aber Sie müssen den Leser auch *unterhalten* und *fesseln*, auf welcher Ebene, auf welchem Niveau auch immer. Unterhaltung ist nichts Anrüchiges, sondern heißt nur, dass der Leser auch Spaß und Genuss haben soll. Jeder, der Geld ausgibt und in seiner Freizeit ein Buch zur Hand nimmt, möchte etwas bekommen. Und zwar genau das, was er sich wünscht – und das kann sehr verschieden sein. Der eine will eine Herausforderung, der andere will sich witzig unterhalten wissen. Im Regelfall möchte sich niemand plagen und abmühen. Denken Sie deshalb auch an den Genuss des Lesers, wenn Sie Ihren Roman erarbeiten. Übrigens, der Lektor, der den Roman prüfen soll, ist Ihr erster Leser. Vergessen Sie also Folgendes nicht: Sie schreiben *für* einen Leser, sonst würden Sie sicher nicht veröffentlichen wollen.

Sachliche Kritik und persönlicher Geschmack

Natürlich zählt bei Literatur, wie bei jeder Kunst, der persönliche Geschmack. Ob Sie lieber Science-Fiction, historische Romane, Krimis, Thriller, Frauenromane oder Heftchenromane lesen, hängt natürlich von Ihrer eigenen Vorliebe ab. Das gilt ebenfalls für den Leser und den Verleger oder Lektor. Aber egal in welchem Genre wir uns befinden – die Kriterien, ob ein Text gut oder schlecht(er) gemacht ist, können sehr wohl überprüft werden. Dazu werden die Aspekte herangezogen, die wir Ihnen in diesem Buch dargelegt haben: die Originalität des Themas, die differenzierte Darstellung der Figuren, die Bildersprache und der Stil, kurz gesagt, der souveräne Einsatz erzählerischer Techniken. Ein Heftchenroman – auch dafür braucht man Schreiberfahrung und -routine –, ist nicht deswegen literarisch anspruchsloser, weil der Verfasser oder die Verfasserin nicht schreiben kann. Es hat vielmehr damit zu tun, dass die Figuren oft auf ein einziges Merkmal reduziert sind – gut oder böse, schön oder hässlich. Hier gibt es nur Figur und Gegenfigur mit einer entsprechenden

Wertung. Oder aber die Handlung besteht nur aus einem einzigen Hauptstrang, der zu einem vorhersehbaren und auch erwünschten Happyend führt. Trotzdem kann man auch von diesen Texten lernen. Ihnen liegt ebenfalls ein präzises Erzählschema zugrunde, zudem müssen Regeln erlernt und eingehalten werden. Das Erzählhandwerk muss letztlich jeder Autor eines Textes beherrschen. Seine Anwendung entscheidet nicht darüber, ob ein Text zur großen Kunst oder zur so genannten Trivialliteratur zählt, aber sehr wohl, ob ein Text gut oder schlecht geschrieben ist.

Wenn Sie etwas geschrieben haben, einen Roman oder eine Kurzgeschichte zum Beispiel, werden Sie den Text wahrscheinlich früher oder später – noch bevor Sie ihn möglicherweise an einen Verlag schicken – jemandem zum Lesen geben. Sie sind einfach neugierig, was andere dazu sagen. Meist sind das die Menschen, die Ihnen nahe stehen: Partner, Freunde, Bekannte. Sie werden vielleicht – hoffentlich – viel Lob bekommen. Denn die meisten Menschen sind zu Recht beeindruckt, wenn jemand etwas schreibt. Das ist immer eine echte Leistung. Dennoch ist nüchterner Umgang mit Lob geboten. Eine nahe stehende Person wird möglicherweise vorsichtig sein, um Sie nicht zu kränken oder vor den Kopf zu stoßen. Deshalb sagt Lob, auch wenn es einen natürlich freut, nicht unbedingt viel aus. Auch die Reaktionen der Verlage: passt nicht ins Programm, unser Programm ist schon bis ... voll, sind kein Kriterium. Solche Reaktionen sind Standard. Hören Sie deshalb gut zu, wenn Sie wirklich kritische Hinweise bekommen, wenn also jemand beispielsweise die Figuren nicht versteht, Teile langatmig findet usw. Viele Autoren argumentieren dann für ihren Text und erklären, was Sie sagen wollten. Das ist zwar nachvollziehbar, hilft Ihnen aber nicht weiter. Denn der Text sollte für sich sprechen. Vielleicht wollten Sie, dass er zum Nachdenken anregt, aber wenn er eher verwirrt oder langweilt, kann das nicht wegdiskutiert werden. Lesen Sie Ihren Text nach einer solchen Kritik lieber nochmals auf Ihre Intentionen hin, und überprüfen Sie, auf welche Art und Weise Sie Ihr Thema verarbeitet haben. Vielleicht ist an der Kritik etwas dran. Auf keinen Fall sollten Sie sich gekränkt zurückziehen, auch wenn eine negative Kritik natürlich schmerzt. Schließlich wollen Sie sich irgendwann mit Ihrem Roman der Öffentlichkeit stellen. Spätestens dann geht es unter Umständen sehr schonungslos zu. Natürlich gibt es auch indiskutable Kritik, die nur persönlich verletzend ist, wie etwa die Äußerung: »so ein Scheiß«. Eine ernst zu nehmende Kritik muss immer präzise Hinweise geben, warum etwas nicht gut ist und wie es besser gemacht werden könnte. Sonst ist sie nicht konstruktiv – und ebenso überflüssig wie ein pauschales Lob.

Was Lob aus dem Privatbereich betrifft, so ist es auch noch aus einem anderen Grund zwar angenehm, aber letztlich nicht aussagekräftig. Denn ein Bekannter oder Freund wird den Text nicht veröffentlichen, vertreten oder in einem Verlag durchsetzen müssen.

Wichtig ist daher eine objektive Instanz, zum Beispiel ein Lektor oder eine Agentur, die auf die Verwertbarkeit achtet und darauf schaut, ob aus einem Autor etwas zu machen ist. Sie werden Sie auf Schwächen und Stärken Ihres Textes aufmerksam machen und im Idealfall Ihren Roman oder Sie selbst nicht einfach abweisen. Vielleicht bekommen Sie auch Vorschläge, wie Schwächen behoben werden und Sie als Autor oder Autorin weiterkommen können.

Vorsicht aber, wenn Sie zu Ihrem Roman von Lektoren- beziehungsweise Verlagsseite ganz gegensätzliche Urteile hören – und das passiert tatsächlich recht oft –, wie: »die Figur ist mir zu schrill«, »die Figur ist mir zu brav«, »der Text ist zu gleichförmig«, »der Text ist nicht stringent genug« ... Dann können Sie davon ausgehen, dass die Kritik nicht auf wirkliche Mängel in Ihrem Text verweist, sondern aus persönlichen, verlags- oder programmtechnischen Gründen ausgesprochen wird. Oder auch deshalb, weil der Lektor eine bestimmte Buchreihe im Auge hat, die festen Vorgaben unterliegt, in die Ihr Text aber nicht einzureihen ist.

Stellen Sie sich nun ein Lektoratszimmer in einem Verlag vor. Vielleicht hatten Sie ja schon einmal einen Termin bei einem Lektor, dann wissen Sie: In den meisten Verlagen, zumal in den »großen«, stapeln sich die Lizenzbücher aus dem Ausland bis unter die Decke. Noch immer stammt ein Großteil, rund vierzig Prozent, der belletristischen Erstveröffentlichungen aus dem Ausland, obwohl häufig von der Förderung der deutschsprachigen Literatur die Rede ist. In manchen Verlagsprogrammen werden Sie kaum einen deutschsprachigen Autor finden. Zu einem großen Teil kommen diese Lizenzen aus den anglo-amerikanischen Ländern. Diese fertigen Romane wurden bereits im Ausland, im Original, veröffentlicht. Sie sind bereits geprüft und haben einen ersten Qualitätstest bestanden, da sie sich schon einmal auf dem Markt durchsetzen konnten. Hinzu kommen die – meist unverlangt eingesandten – Manuskripte unbekannter Autoren.
Ihr Text muss also, ob Sie wollen oder nicht, mit einer Masse an bereits veröffentlichten und unveröffentlichten Romanen konkurrieren. Welchen Grund sollte nun

ein Lektor haben, sich für das Manuskript eines neuen, unbekannten deutschsprachigen Autors einsetzen, zumal die deutschsprachige Literatur immer noch über keinen besonders weit reichenden Ruf verfügt? Das ist ein Risiko, und zwar auch ein finanzielles.

Deshalb müssen Sie überzeugen. Das können und sollten Sie mit Ihrem Manuskript, und zwar schon auf den ersten Seiten, damit der Lektor überhaupt weiterliest. Wenn schon die ersten Seiten mühsam zu lesen sind oder unfertig wirken, wird niemand weitermachen, schon gar nicht ein überarbeiteter Lektor. Er wird auch nicht darauf hoffen, dass es vielleicht ab Seite 150 spannender und dichter wird. Denn die Erfahrung zeigt: Wenn der Anfang nicht stimmt, wird ein Text nicht besser, sondern eher noch schlechter. Der Blick auf ein Manuskript ist ohnehin, ohne dass es vom Lektor unbedingt beabsichtigt ist, ein anderer, ein, sagen wir einmal, verhaltenerer, skeptischerer. Selbst wenn Lizenzhonorare für unbekannte ausländische Autoren oft immens hoch sind, scheint das Risiko der Übernahme eines fertigen Buchs oft das geringere zu sein. Der Lektor kann im Allgemeinen so falsch nicht liegen. Mit dieser für deutschsprachige Autoren vielleicht betrüblichen Tatsache müssen wir, auch die Agenturen, die deutschsprachige Autoren vertreten, wohl noch eine Zeitlang leben. Glücksfälle durch Beziehungen – die Freundin von Promi XY kann ihr Buch unterbringen, obwohl es nicht besonders gut ist, ein Lektor oder Verleger wittert einen Trend (Szeneliteratur) –, das sind eher Ausnahmen, die Ihnen mit Ihrem Text nicht weiterhelfen.

Sie müssen außerdem damit rechnen, dass, wenn Sie Ihren Text an einen Verlag schicken, an Ihrem Roman Dinge beanstandet werden, die bei einem ausländischen Autor oder einem bereits veröffentlichten Roman unter Umständen überhaupt nicht gestört haben … Und Sie müssen sogar einplanen, dass objektiv schlechtere Autoren einen Verlag finden und Sie nicht. Dagegen kann man nur schwer argumentieren, und es hilft auch nicht, darüber zu lamentieren. Solche Dinge passieren wohl in allen Berufszweigen.

Kurz, die Situation ist schwierig. Umso wichtiger ist die Qualität und Originalität Ihres Textes. Das haben Sie selbst in der Hand. Es liegt an Ihnen, an Ihrem Eifer und auch an Ihrem Wissen von der Materie. Sie müssen an Ihren Texten und am Schreiben an sich arbeiten. Und Ihr Text muss, das versteht sich von selbst, orthografisch, sprachlich und stilistisch tadellos sein, auch wenn das, wie schon erwähnt, noch keine Garantie ist. Sie sollten sich dieses Ziel stecken und den Ehrgeiz haben, möglichst gut zu sein.

Preise, Wettbewerbe und Stipendien

Wenn Sie sich an literarischen Ausschreibungen beteiligen wollen, gibt es eine fast unüberschaubare Vielfalt an Möglichkeiten. Dazu zählen Preise, Wettbewerbe und Stipendien. Sie werden sowohl von kleineren und oft sehr unterschiedlichen Literaturzeitschriften als auch von renommierten Organen und Institutionen ausgeschrieben, wie zum Beispiel der jährliche Klagenfurter Bachmannpreis.

Aber auch Verlage veranstalten immer wieder Ausschreibungen, beispielsweise für Krimis, Frauenliteratur etc. Oder es gibt Romanpreise wie den »Großen Romanpreis« von Bertelsmann. Hierüber informiert aktuell die örtliche Tagespresse, meist im Feuilleton. Und dann gibt es auch noch die zahllosen Ausschreibungen städtischer Literaturbüros, der Bundesländer sowie von Literaturvereinigungen und -zirkeln.

Einen schnellen Überblick über die wichtigsten Ausschreibungen bieten Autorenhandbücher, zum Beispiel das regelmäßig aktualisierte Projekt des Uschtrin Verlags, das genreübergreifende Ausschreibungen auflistet und kurz kommentiert.

Auch im Internet können Sie unter www.literaturwettbewerbe.de eine große Zahl von Wettbewerben, oft mit direkten Links zum betreffenden Veranstalter, finden. Das Internet ermöglicht inzwischen einen leichten und schnellen Zugang zu Informationen, die aber oft auch verwirrend und unübersichtlich sind. Zudem tummeln sich im Internet unter den verschiedensten Stichwörtern (Autoren-xy.de etc.) auch viele Einrichtungen, de-

ren Nutzen für Sie als Autor nicht unbedingt auf der Hand liegt.
Sicher ist es immer motivierend, an einem Wettbewerb teilzunehmen. Wichtig ist dabei jedoch, dass Sie Ihre Texte auf thematische Tauglichkeit, auf Qualität und auch auf Passform überprüfen. Deswegen sollten Sie versuchen Tenor und Tendenz eines Wettbewerbs herauszufinden. Lesen Sie die veröffentlichten Arbeiten des »Brigitte«-Wettbwerbs oder sehen Sie sich im Fernsehen die Bachmann-Teilnehmer mit ihren Beiträgen an.
Außerdem sollten Sie darauf achten, ob ein Beitrag bisher unveröffentlicht sein muss. Dies ist meistens der Fall. Halten Sie sich grundsätzlich an die jeweiligen Teilnahmebedingungen!
Viele Großstädte – wie etwa München oder Berlin – veranstalten neben Lesungen oft auch literarische Wettbewerbe oder schreiben Stipendien aus, ebenso die Literaturbüros der einzelnen Bundesländer. Viele dieser Preise sind allerdings regional oder stadtbezogen ausgerichtet; manche werden einem Autor von einer Institution (z. B. der Deutschen Akademie für Kinder- und Jugendliteratur in Volkach) zugedacht, sodass man sich als Neuling nicht beteiligen kann, beispielsweise im Fall der Mainzer Stadtschreiber.
Was die Wettbewerbe und Lesungen in Literaturzirkeln betrifft, so ist es sicher positiv, dass dort viele unbekannte Autoren ein Forum bekommen. Bedenken Sie dabei, dass Kritik hier oft sehr direkt und nicht immer fachgerecht ausfällt. Somit sind solche Präsentationen oft nicht nur hilfreich – und es erfordert einigen Mut, sich einem solchen Forum zu stellen.

Auswahlliste empfohlener Literatur

Schreibratgeber

Frey, James N.:
Wie man einen verdammt guten Roman schreibt. Köln 1997.

Frey, James N.:
Wie man einen verdammt guten Roman schreibt, Bd. 2. Anleitungen zum spannenden Erzählen für Fortgeschrittene. Köln 1998.

Frey, James N.:
The Key. Die Kraft des Mythos. Wie verdammt gute Romane noch besser werden. Köln 2004.

Frieling, Wilhelm Ruprecht:
Über die Kunst des Schreibens. Wie Autoren unbewusste Kräfte besser nutzen. Berlin 1994.

Gesing, Fritz:
Kreativ Schreiben. Handwerk und Technik des Erzählens. Köln 1994.

Highsmith, Patricia:
Suspense oder Wie man einen Thriller schreibt. Zürich 1990.

Kemmerzell, Anja/Laudan, Else:
Das Wort zum Mord. Wie schreibe ich einen Krimi? Hamburg 1999.

Knauss, Sibylle:
Schule des Erzählens. Frankfurt 1995.

Lodge, David:
Die Kunst des Erzählens. München 1998.

Perrin, Daniel:
Schreiben ohne Reibungsverlust: Schreibcoaching für Profis. Zürich 2000.
Pogoda, Gerda:
Kreativ Schreiben. Von der Idee zum Text Wirkungsvoll formulieren für Schule, Studium, Beruf, Literatur, Selbsterfahrung. Landsberg am Lech 2000.
Rico, Gabriele L.:
Garantiert schreiben lernen. Sprachliche Kreativität methodisch entwickeln. Ein Intensivkurs auf der Grundlage der modernen Gehirnforschung. Reinbek 1984.
Scheidt, Jürgen vom:
Kreatives Schreiben. Wege zu sich selbst und zu anderen. Frankfurt 1993.
Seger, Linda:
Das Geheimnis guter Drehbücher. Berlin 1999.
Stanzel, Franz K.:
Typische Formen des Romans. Göttingen 1993.
Werder, Lutz von:
Einführung in das Kreative Schreiben. Milow 2000.
Zuckerman, Albert:
Bestseller. Wie man einen Erfolgsroman schreibt. Bergisch Gladbach 1995.
Zuckerman, Albert:
Bestseller. Der Agent von Ken Follett über die Kunst und das Handwerk, einen Bestseller zu schreiben. Bergisch Gladbach 2000.

Ergänzende Literatur

Aeppli, Ernst:
Der Traum und seine Deutung. Mit 500 Traumsymbolen. München 2000.

Bächthold-Stäubli, Hanns:
Handwörterbuch des deutschen Aberglaubens. Berlin 2000[3].

Binder, Alwin/Haberkamm, Klaus/Kahrmann, Cordula:
Einführung in Metrik und Rhetorik. Berlin 1991.

Fink, Georg:
Traumsymbole Lexikon. Niedernhausen 1997.

Lurker, Manfred:
Wörterbuch der Symbolik. Stuttgart 1991.

Molcho, Samy:
Alles über Körpersprache. München 2001.

Rückle, Horst:
Körpersprache für Manager. Landsberg am Lech 1998.